AUF EINEN BLICK: RECHTSCHREIBUNG & ZEICHENSETZUNG

Regeln
Beispiele
Erklärungen
Übungen
Diktate

von
Helmut Melzer

C. C. BUCHNER

Auf einen Blick:
Rechtschreibung & Zeichensetzung
von Helmut Melzer

Dieses Werk folgt der reformierten Rechtschreibung und Zeichensetzung.

1. Auflage 1 5 4 3 2008 2006 2004
Die letzte Zahl bedeutet das Jahr dieses Druckes.
Alle Drucke dieser Auflage sind, weil untereinander unverändert, nebeneinander benutzbar.

www.ccbuchner.de

Lektorat: Gerhard C. Krischker
Einband und Layout: artbox, Bremen
Druck: creo Druck & Medienservice GmbH, Bamberg
Bindearbeiten: Stürtz AG, Würzburg

ISBN 3 7661 **4190** 2

Vorwort

Auf einen Blick: Rechtschreibung und Zeichensetzung besteht im Wesentlichen aus vier Teilen:

- Die Einleitung informiert kurz über die Rechtschreibreform und stellt Ergebnisse der empirischen Fehlerforschung dar, die in Deutschland von Professor Wolfgang Menzel an der Pädagogischen Hochschule Hildesheim in einem Fehlerforschungsprojekt gewonnen wurden[1]. Aus diesem Forschungsprojekt stammen auch die Listen besonders fehlerträchtiger Wörter, die in den Rechtschreibkapiteln abgedruckt und Übungen zu Grunde gelegt wurden[2]. Der erste Teil gibt dem Benutzer dieses Buches auch Gelegenheit, seine Probleme mit der Rechtschreibung, also Fehlerschwerpunkte, zu erkennen, damit er sie mit Hilfe der entsprechenden Übungen gezielt beheben kann.

- Der zweite und umfangreichste Teil stellt die wichtigsten Regeln und Festlegungen der deutschen Rechtschreibung und Zeichensetzung dar, wie sie durch die Neuregelung der deutschen Rechtschreibung am 1. Juli 1996 endgültig festgelegt wurden. Zu den Regeln werden Hinweise zu ihrer Begründung und Anwendung gegeben. Jeweils unmittelbar auf der Seite gegenüber sind zu den Regeln und Festlegungen vielfältige Übungen angeboten, mit deren Hilfe die Regelungen eingeprägt und die Schreibweisen gesichert werden können.

  Einzelnen Kapiteln, in denen Rechtschreib- und Zeichensetzungsfälle wie Groß- und Kleinschreibung, s-Laute oder das Komma behandelt werden, sind Übersichten und allgemeine Hinweise zu dem jeweiligen Rechtschreibfall vorangestellt. Diese sollen Einblicke in die Entstehung bzw. den besonderen Charakter des Rechtschreibfalles geben, das Verstehen der Regeln und die Bearbeitung der Übungen sind aber auch ohne diese Zusatzinformationen möglich.

- Dem Hauptteil mit der Darstellung der Rechtschreibung und Zeichensetzung folgt das Kapitel „Üben, üben – aber wie?“, in dem für den Benutzer wichtige Hinweise für ein sinnvolles und erfolgreiches Üben gegeben werden.

- Ob die Aufgaben im Hauptteil jeweils richtig gelöst wurden, sollte mit Hilfe des Lösungsteiles sofort überprüft werden.
  Für das bessere Verständnis der Fachbegriffe ist die „Erklärung der Fachausdrücke“ am Ende des Buches abgedruckt.

Bei der Darstellung der Regeln und Festlegungen der Rechtschreibung und Zeichensetzung musste eine sinnvolle Auswahl getroffen werden; denn es konnte – schon aus Umfangsgründen, aber auch im Hinblick auf realistische Übungsziele – keine lückenlose Darstellung aller Regelungen, einschließlich der letzten Feinheiten, geboten werden.

Aus Gründen einer einheitlichen Darbietung wird für alle Regeln und Festlegungen das Symbol R (= Regel) verwendet, obwohl die dort gemachten Aussagen ganz unterschiedlichen Charakter haben. Es können „echte" Regeln sein, die man durch schlussfolgerndes Denken anwenden muss, z.B. *Ein Komma steht zwischen Haupt- und Nebensatz.* Es kann aber auch lediglich die Beschreibung einer bestimmten Festlegung in der deutschen Rechtschreibung sein, wie *In häufig vorkommenden „Kurzwörtern" wird nach kurzem Vokal nur ein Konsonant geschrieben.*
In der Wahl der Fachausdrücke, z.B. für die Wortarten, richtet sich diese Darstellung nach dem „Verzeichnis grundlegender grammatischer Fachausdrücke", das die Kultusministerkonferenz 1982 zustimmend zur Kenntnis genommen hat.

[1] Ergebnisse dieser Fehleruntersuchung liegen vor in: Menzel, Wolfgang: Rechtschreibunterricht – Praxis und Theorie („Aus Fehlern lernen"). Seelze 1985; Ders.: Rechtschreibfehler – Rechtschreibübungen (= Praxis Deutsch 69, 1985); Ders.: Zeichensetzung (= Praxis Deutsch 55, 1982)

[2] S. 50, 63 und 106 f.

Inhaltsverzeichnis

Einleitung

1. Warum müssen wir in der Rechtschreibung umlernen?

Die deutsche Kultusministerkonferenz stimmte am 1. Dezember 1995 einer Neuregelung der deutschen Orthographie zu, die schließlich durch ein zwischenstaatliches Abkommen der deutschsprachigen Länder am 1. Juli 1996 bestätigt wurde. An dem neuen Regelwerk, das am 1. August 1998 in Kraft trat, hatten seit über einem Jahrzehnt Fachleute in verschiedenen nationalen und internationalen Kommissionen gearbeitet und die Ergebnisse ihrer Überlegungen den politischen Entscheidungsgremien vorgelegt. Mit dem neuen Regelwerk werden die Regelungen ersetzt, die auf der orthographischen Konferenz von Berlin im Jahre 1901 (1902 amtlich bestätigt) bei der Vereinheitlichung der deutschen Rechtschreibung festgelegt und die seither von der Redaktion des Dudens in immer neuen Auflagen dieses Wörterbuches fortentwickelt wurden.
Wichtige Ziele des neuen Regelwerkes waren:
- die Neuformulierung der Regeln nach einem einheitlichen Konzept,
- eine behutsame inhaltliche Vereinfachung der Rechtschreibung mit dem Ziel, eine Reihe von Ausnahmen und Besonderheiten abzuschaffen, so dass der Geltungsbereich der Grundregeln ausgedehnt wird.[1]

Die Neuregelung soll also einerseits eine Vereinfachung der im Ganzen doch komplizierten deutschen Rechtschreibung bringen, was in manchen Bereichen, besonders in der Groß- und Kleinschreibung, der Zeichensetzung (Komma) und der Worttrennung, auch durch die Reform erreicht wird. Andererseits waren vor allem die politischen Instanzen daran interessiert, die Veränderungen im Charakter der Orthographie und im Schriftbild möglichst gering zu halten, was zur Aufgabe von ursprünglichen Reformzielen führte, wie z.B. der Abschaffung der Großschreibung von Nomen oder der stärkeren Angleichung von Fremdwörtern an die deutsche Schreibung. Gemessen an den weitergehenden Absichten der Fachleute stellt also die beschlossene Neuregelung lediglich „eine kleine Reform der Vernunft“[2] dar. Man sollte allerdings das Erreichte nicht zu negativ bewerten. Es ist bei diesem Reformschritt durchaus gelungen, die Schreibregeln zu reduzieren und in manchen Bereichen auch zu vereinfachen.
Da die Benutzer dieses Rechtschreibbuches sich die Rechtschreibung in ihrer neuen Form aneignen wollen und sollen, wird hier davon abgesehen, die Veränderungen gegenüber den bisherigen Schreibweisen gesondert darzustellen. Wer heute die Rechtschreibung erlernt, ist im Allgemeinen nicht daran interessiert, welche Regeln gegenüber früher anders geworden sind, sondern er möchte sich die heute gültigen Schreibweisen und Zeichensetzungsregeln ohne Umwege aneignen. Es würde auch lernpsychologischen Einsichten widersprechen, wenn die neuen Regeln mit den alten Schreibweisen kontrastiert würden. Deshalb werden die wich-

tigsten Rechtschreibregelungen in den folgenden Kapiteln in didaktisch aufbereiteter Form übersichtlich dargestellt; nur in den Hinweisen wird gelegentlich – und wo es sinnvoll erscheint – darauf Bezug genommen, was sich gegenüber früher verändert hat.
Die Reformbeschlüsse haben auch dazu geführt, dass es nunmehr kein amtliches Wörterverzeichnis (Wörterbuch) mehr gibt, das in allen Zweifelsfragen der deutschen Rechtschreibung als letzte Entscheidungsinstanz dient, wie dies vor der Reform die jeweils letzte Auflage des Rechtschreib-Dudens war. Demnach können alle Wörterbücher zur Lösung von Zweifelsfragen herangezogen werden, soweit sie den neuen Rechtschreibregeln („Regeln und Wörterverzeichnis" in der Wiener Fassung vom 1. Juli 1996) entsprechen.
Bei einer didaktisch sinnvollen Aufbereitung der Rechtschreibregeln sollte man aber auch berücksichtigen, wo die Schülerinnen und Schüler beim Erlernen der Rechtschreibung die größten Schwierigkeiten haben, damit diese Bereiche vorrangig behandelt und mit besonderen Hilfen dargestellt werden können.

2. Welche Fehler kommen am häufigsten vor?

In einer großen Fehleruntersuchung an der Hochschule in Hildesheim wurden die Rechtschreibfehler ermittelt, die bei Schülern des 2. bis 10. Schuljahres vorkommen. Die Fehler ordneten die Hildesheimer Forscher nach ihrer Häufigkeit in 25 Fehlerkategorien ein.[3] Fasst man einzelne dieser Fehlerkategorien zu Gruppen zusammen, so ergibt sich folgendes Bild (siehe die Tabelle auf S. 9).
Als schwierigstes Gebiet der deutschen Rechtschreibung steht laut dieser Untersuchung die Groß- und Kleinschreibung an der Spitze der Fehlergruppen, gefolgt von den Verstößen gegen die Schreibung der s-Laute. Der häufigste Einzelfehler war in dieser Fehlergruppe übrigens die Schreibung des *daß* als Konjunktion (Bindewort). Dieses Wort wird nach der Rechtschreibreform mit *ss* geschrieben (*Ich sehe, dass du müde bist.*) und damit nach wie vor von dem Artikel oder Pronomen *das* (*das Kind, das ich sehe,...*) unterschieden. Bei den Schreibweisen *dass/das* dürften also auch in Zukunft viele Fehler gemacht werden. Schon an dritter Stelle stehen – ihrer Häufigkeit nach – Fehler, bei denen der Schreiber die Endung eines Wortes falsch schreibt oder die Endung ganz weglässt. Er schreibt dann z.B.: *Sie begegneten eine<u>n</u> alten Mann.* Statt: *eine<u>m</u> alten Mann.* Diese Fehlergruppe zeigt, wie wichtig es beim Schreiben von Wörtern und Sätzen ist, dass der Schreiber genau auf die Endung der Wörter achtet und diese beim Sprechen oder Schreiben nicht undeutlich spricht oder sie einfach „verschluckt". Wenn die Fehlerzahl in diesen drei Fehlergruppen entscheidend abgebaut werden könnte, dann würden rund 50 % der Fehler in der Schreibung von Wörtern vermieden.

Wirft man einen Blick auf die Fehlergruppen am Ende der Tabelle, so zeigt sich, dass manche Fehler, z.B. in den Wörtern mit den Konsonanten *v, f, pf* und *ph*, gar nicht so häufig vorkommen, wie man auf den ersten Blick vermuten könnte. Das heißt nicht, dass man diese Fehler vernachlässigen sollte, sondern macht nur deutlich, dass die besonderen Schwierigkeiten für den Rechtschreiber in anderen Fehlergruppen liegen.
Nun kommen in einem geschriebenen Text nicht nur Fehler in der Schreibung der Wörter vor, sondern auch beim Setzen von Satzzeichen, wie Punkt, Komma, Anführungszeichen usw. Die Prozentzahlen in der Tabelle (S. 9) beziehen sich auf die Schreibung der Wörter in einem Satz. Nach Auszählungen in der Vergangenheit kommen in Schülertexten aber mehr Zeichensetzungsfehler als Fehler in der Schreibung der Wörter vor.[4] Man hat folgendes Verhältnis der beiden Fehlerarten errechnet: etwa 60 % Zeichensetzungsfehler und etwa 40 % Rechtschreibfehler. Bei den Zeichensetzungsfehlern standen die Kommafehler an der Spitze, die zweitgrößte Fehlergruppe sind falsch oder nicht gesetzte Anführungszeichen bei der direkten (wörtlichen) Rede. Da nach der Rechtschreibreform das Komma in mehreren Zusammenhängen nicht mehr gesetzt werden muss, könnten in der Zukunft die Zeichensetzungsfehler in den geschriebenen Texten insgesamt abnehmen.

[1] Deutsche Rechtschreibung. Regeln und Wörterverzeichnis. Vorlage für die amtliche Regelung. 24. Mai 1995, S. 7
[2] so Günter Drosdowski, der langjährige Leiter der Dudenredaktion
[3] Menzel, W.: Rechtschreibfehler – Rechtschreibübungen (= Praxis Deutsch 69, 1985), S. 10
[4] Menzel, W.: Zeichensetzung (= Praxis Deutsch 55, 1982), S. 16 f.

Die häufigsten Fehlergruppen (Rechtschreibfehler ohne Zeichensetzung)

Rangfolge	Fehlergruppe	Fehlerbeispiele	Anteil in %
1	Groß- und Kleinschreibung	die jugendlichen im laufe nach hause	25,38
2	Schreibung der s-Laute (einschließlich das/dass)	Er sagte, das er mir... meißtens er laß ein Buch	13,50
3	Flexionsendungen (einschließlich Dativ/ Akkusativ)	einen statt einem Ring ihm statt ihn den statt dem	12,44
4	Konsonantenverdopp-lung (fehlende und falsche)	bestimt angenomen pasieren hatt	8,14
5	Zusammen- und Getrenntschreibung	nach machen zuhause garnicht statt gar nicht	7,75
6	Schreibung von i, ie und h (Dehnungsschreibungen)	erwiederte er gestet währen statt wären	7,74
7	Konsonanten-weglassungen, -hinzufügungen, -vertauschungen	vieleicht schreihen schüttlen	7,68
8	Vokalfehler und Umlautfehler (außer Dehnung)	nemlich statt nämlich Tetigkeit statt Tätigkeit heufig statt häufig	7,19
9	Fehler bei den Konsonanten k, ck, ch und g	gegriegt erschroken näckste statt nächste verfolkt	2,27
10	Fehler bei den Konsonanten d/t	endführt der Tot Jugentliche	2,21
11	Fehler bei den Konsonanten v, f, pf, ph	fielleicht emfehlen forsichtig	1,8
12	Fehler bei den Konsonanten z, tz, ts, c	spatzieren plözlich Rätzel Kamping	0,67

3. Eigene Fehlerschwerpunkte erkennen

Natürlich macht nicht jeder Schreiber die gleichen Fehler. Deshalb ist es sinnvoll, dass der Schreiber zunächst einmal an sich selbst beobachtet, wo bei ihm die meisten Fehler vorkommen. Wenn man aber seine Fehlerschwerpunkte erkennen will, muss man die Fehler auch finden und richtig einordnen können. Mit dem folgenden Text lässt sich das üben. In diesem Text sind die Fehlerwörter eingerahmt.

- Stelle fest, an welcher Stelle des Wortes der Fehler gemacht wurde.
- Ordne das Fehlerwort in die richtige Fehlergruppe in der Tabelle auf S. 9 ein.

Text 1

Jeden [nachmittag] spielen Günther, Frank und Karin am Bach. Aus [steinen] und Erde bauen sie einen Damm. Dahinter [staud] sich das Wasser zu einem kleinen See. Frank baut neben dem Damm eine [Strase] Eine Steinbrücke führt über den Bach zum [höltzernen] Mühlrad. Am Samstagnachmittag ist [Alles] fertig. Spielzeugautos fahren über Franks [Brüke] und Karins Segelboot schwimmt stolz auf dem Stausee. Da hat Frank eine Idee: „Kommt, wir bauen den Wall [nochhöher] . [Vieleicht] können [wird] dann baden. Zu dritt schleppen sie einen dicken Brocken heran. [Forsichtig] wird er auf die [Dammkrohne] gesetzt. Plötzlich aber sackt die Mauer zusammen, ein breites Loch [öfnet] sich und ein [Sturtzbach] schwemmt [autos] , [Mülrad] und Segelschiff davon. Damit hatten die Kinder [garnicht] gerechnet. Frank rutscht aus und [fält] mit dem Rücken auf die [Steinkannte]. Glücklicherweise hat er sich nicht [verletz] . Jetzt haben die Kinder keine [lust] mehr zum [spielen] und sie [beschliesen] sich ein anderes Spiel [aus zu denken]

- Kontrolliere, ob du die Zuordnung richtig vorgenommen hast, mit Hilfe der Lösung auf S. 188.

Es gibt zwei Wege, um die eigenen Fehlerschwerpunkte zu ermitteln:

- Man schreibt aus den letzten korrigierten Diktaten oder Aufsätzen die Rechtschreibfehler heraus und ordnet sie den entsprechenden Fehlergruppen in der Tabelle auf S. 9 zu.
- Man lässt sich z.B. die zwei folgenden Texte diktieren, vergleicht die geschriebenen Texte mit der Vorlage und streicht alle Rechtschreibfehler an. Dann werden die Fehler in die Tabelle eingeordnet.

(Zur Überprüfung der Zeichensetzung findest du auch Texte auf S. 144, 150, 160.)

Text 2

Zwei Freunde stiegen durch eine schmale Öffnung in eine unterirdische Höhle ein. Mit Staunen betrachteten sie im gleißenden Schein ihrer Taschenlampe die glatten und feuchten Wände, die das Wasser im Laufe von Jahrhunderten ausgewaschen hatte. Zögernd und mit bedächtigen Schritten wagten sie sich weiter vor, bis die Höhle immer weiträumiger wurde und sich schließlich in mehrere Gänge verzweigte. Als einer der beiden gegen einen vorstehenden Felsbrocken stieß, erlosch plötzlich seine Taschenlampe. Vor Schreck schrien beide laut auf und Schweißtropfen traten auf ihre Stirn. Denn jetzt war ihnen klar geworden, dass um sie vollkommene Finsternis herrschte. Die Wände warfen das Echo ihrer Stimmen in dumpfen Tönen zurück. Glücklicherweise ließ sich die Taschenlampe bald wieder einschalten. Nun wurde den Jungen bewusst, dass sie schon ziemlich weit in die Höhle eingedrungen waren. Sie kehrten deshalb auf der Stelle um und machten sich auf den Rückweg. Bald sahen sie ein fahles Leuchten in der Ferne. Das musste der Ausgang sein! Ihre Schritte auf dem nassen und glitschigen Boden wurden immer schneller. Endlich hatten sie den Ausstieg erreicht und kletterten behände nach draußen. Ihr Höhlenabenteuer hatte noch ein glückliches Ende gefunden.

Text 3

Die meisten Burgen, für die wir uns heute noch sehr interessieren, entstanden im Mittelalter. Sie wurden von Adligen als befestigte Sitze gebaut, in denen sie sicher hausen konnten. Die Burgen dienten den Rittern auch als Wohnungen; deren Mauern waren jedoch dick und kalt. Die einzelnen Gebäude baute man meist um den Hauptturm herum, der die Burg überragte und nur über eine Leiter zu ersteigen war. In seinem Keller befand sich das Verlies, in das die Gefangenen mit einem Strick hinuntergelassen wurden. Im Hauptgebäude wohnte die Familie des Ritters; der größte Raum war der Rittersaal, dessen Wände mit Teppichen behängt wurden. Im Winter bot dieser unbeheizbare Raum jedoch nur einen sehr unbequemen Aufenthalt. In einem Untergeschoss befand sich die Küche; in ihr standen ein großer, offener Herd, ein drehbarer Bratspieß und allerlei Kupfergeschirr. Um die Gebäude wurden mehrere Mauern gezogen, vor denen noch ein wassergefüllter Graben die Anlage schützte.

Die Eroberung einer Burg war für die Angreifer eine langwierige und gefährliche Angelegenheit. Über die Pechnasen gossen die Verteidiger heißes Wasser oder Pech, aus den Schießscharten zischten Pfeile, von den Zinnen wurden Speere und schwere Steine geschleudert. Erst nachdem das Schießpulver erfunden worden war, konnten die Befestigungen leicht sturmreif geschossen und eingenommen werden. Viele Burgen wurden schließlich von ihren Bewohnern verlassen und verfielen zusehends.

4. Fehlerschwerpunkte durch Übung beseitigen

Wenn sich beim Schreiben und Korrigieren der diktierten Texte Fehlerschwerpunkte gezeigt haben, dann ist es sinnvoll, mit den Kapiteln in der Rechtschreibübung zu beginnen, mit deren Rechtschreibfällen man die größten Schwierigkeiten hat. Wurden z.B. besonders viele Fehler bei der Schreibung der s-Laute gemacht, so sollte man mit dem Kap. 2 (*s*-Laute) anfangen; zeigten sich viele Fehler bei der Konsonantenverdopplung, so beginnt man mit Kap. 3. Natürlich kann man auch die einzelnen Kapitel der Rechtschreibung und Zeichensetzung nacheinander durcharbeiten.
Die Rechtschreibkapitel und auch die ersten Kapitel zur Zeichensetzung sind nach dem Gesichtspunkt der Fehlerhäufigkeit geordnet. Am Beginn der Rechtschreibkapitel stehen also die Groß- und Kleinschreibung sowie die dazu angebotenen Übungen. Um eine geschlossenere Darstellung der Rechtschreibfälle zu erreichen, wurde bei einigen Kapiteln von diesem Prinzip abgewichen. So sind die Regeln und Übungen zur Schreibung der Konsonanten (außer Konsonantenverdopplung und *s*-Laute) in dem Kapitel „Schwierige Konsonantenschreibungen" zusammengefasst. Dieses Kapitel schließt sich an das Kapitel „Konsonantenverdopplung" an. In gleicher Weise wurden auch Regeln und Übungen zur Schreibung von Vokalen (außer Dehnungsschreibungen) im Kapitel „Schwierige Vokalschreibungen" konzentriert. Dieses Kapitel folgt dem Kapitel „Dehnungsschreibungen". Der Rechtschreibteil enthält aber auch ein Kapitel zu Fremdwörtern, obwohl es in der Tabelle auf Seite 9 keine eigene Fehlergruppe „Fremdwörter" gibt. Das liegt auch daran, dass Schüler in ihren Aufsätzen meist nur wenige Fremdwörter verwenden und hier deshalb auch weniger Fehler machen. Damit ein Überblick über alle wichtigen Gebiete der Rechtschreibung und Zeichensetzung möglich ist, wurden auch alle Satz- und Wortzeichen in – teilweise zusammenfassenden – Kapiteln berücksichtigt.

Rechtschreibung

1. Groß- und Kleinschreibung

Die wichtigsten Fälle der Großschreibung

als Nomen gebrauchte Verben

das Trinken
mein Flüstern
euer Schweigen

als Nomen gebrauchte Adverbien, Präpositionen, Konjunktionen

das Hin und Her
das Auf und Nieder
kein Wenn und Aber

die Höflichkeitsanrede „Sie" und die entsprechenden Pronomen „Ihre" „Ihnen" usw.

Bitte lassen Sie Ihre Einkaufstaschen an der Theke.

Nomen (Substantive, Hauptwörter)

der Tisch das Haus
die Frau eine Reihe
Hoffnung Übelkeit

als Nomen gebrauchte Adjektive und Partizipien

das Grün
etwas Neues
der Hungernde
das Geborgte

als Nomen gebrauchte Zahlwörter

die Drei
vier Einsen (im Zeugnis)
der Dritte (im Hochsprung)

Eigennamen und feste Begriffe

Peter der Große
Rotes Meer
Olympische Spiele
Deutsche Bahn
Heiliger Abend

Hinweise

Die Groß- und Kleinschreibung ist ein besonders schwieriger Bereich der deutschen Rechtschreibung; dies kommt auch dadurch zum Ausdruck, dass hier – abgesehen von der Zeichensetzung – die meisten Fehler gemacht werden.
Dabei gibt es eine auf den ersten Blick recht einfach erscheinende Grundregel, welche Wörter im Satz großzuschreiben sind:

Nomen (Substantive) werden großgeschrieben.

Für die Wortart Nomen gibt es in der Grammatik verschiedene andere Bezeichnungen wie Substantiv, Hauptwort, Dingwort und Namenwort. Dass Satzanfänge und die Höflichkeitsform *Sie* großgeschrieben werden, kann man sich wohl recht gut merken. Im Übrigen schreiben wir ja Wörter aller anderen Wortarten im Satz klein. Die Schwierigkeit in der Anwendung der Grundregel (*Nomen werden großgeschrieben*) liegt aber darin, dass Wörter aller Wortarten zu Nomen werden können. Wenn aus Verben, Adjektiven und Zahlwörtern Nomen werden, schreibt man sie ebenfalls groß.

Wir reden miteinander. → *Sein Reden stört mich.*
Der Himmel ist blau. → *das Blau des Himmels*
die Zahlen von drei bis zwölf → *Er schrieb in Mathematik eine Drei.*

Andererseits können ursprüngliche Nomen ihren Charakter als Nomen verlieren („verblassen“) und werden dann kleingeschrieben.

Sein Leid rührt mich. → *Ich bin es leid, mir das anzuhören.*
Er sprach seinen Dank aus. → *Wir waren dank seiner Hilfe erfolgreich.*

Durch die grammatischen Überlegungen, die bei der Groß- und Kleinschreibung in vielen Fällen anzustellen sind, ist dieses Gebiet nach wie vor für den Schreiber kompliziert. In Zweifelsfällen sollte man deshalb ein Wörterbuch heranziehen. Dennoch hat die Rechtschreibreform in der Groß- und Kleinschreibung zu manchen Vereinfachungen geführt. So kann sich der Schreiber häufiger als früher an dem vorausgehenden Artikel oder Präposition + Artikel orientieren um die Großschreibung zu erschließen.

das Beste *zum Besten geben* *der Einzelne* *zum Guten wenden*
im Dunkeln tappen *den Kürzeren ziehen* *im Allgemeinen*
im Folgenden *im Ganzen* *im Voraus* *des Öfteren*

R 1 Am Satzanfang und nach Doppelpunkt, wenn wörtliche Rede folgt, wird immer großgeschrieben.	Wir kommen bald zurück. Das Kind fragte: „Wann gehen wir los?“
R 2 Das erste Wort einer Überschrift oder eines Werktitels schreibt man groß.	Als ich einmal Angst hatte Eine tolle Schlittenfahrt Die unendliche Geschichte

R 1 Mit der Anwendung dieser Regel haben wir dann keine Schwierigkeiten, wenn wir erkennen, wo ein Satz vorliegt. Um das herauszubekommen kann eine Klangprobe helfen. Wir sprechen den Satz als Sinneinheit unter einem Klangbogen.

Gleich zu Beginn erregte etwas meine Aufmerksamkeit.

Es war ein leises Geräusch, das mich aufhorchen ließ.

Zur Schreibweise nach Doppelpunkt ist zu beachten, dass nicht nur die wörtliche Rede nach Doppelpunkt großgeschrieben wird, sondern auch angekündigte vollständige Sätze so behandelt werden:
Zu beachten ist der Hinweis: Die Schraube muss zunächst gelockert werden.

Zum Doppelpunkt und zu der Schreibung nach Doppelpunkt siehe auch S. 162.

R 2 Bei Überschriften und Werktiteln ist auch darauf zu achten, dass nach ihnen kein Punkt steht.

Schüler arbeiten für den Umweltschutz *Am Samstag kam das Sams zurück*

1 Im folgenden Text sind die Satzanfänge kleingeschrieben; auch die Punkte sind weggelassen worden. Schreibe den Text richtig in dein Heft.

die Mutprobe

ein Junge kletterte auf das Dach eines Schuppens um den Freunden seinen Mut zu beweisen das Dach war aber mit Blättern bedeckt und feucht plötzlich glitt er aus und rutschte auf dem Hosenboden die Ziegel hinab glücklicherweise bremste die Dachrinne seinen Sturz seine Freunde halfen ihm mit einer Leiter wieder auf den Boden

2 Setze die richtigen Sprichwortteile zusammen. Achte darauf, dass in jedem Sprichwort auch ein Komma steht.

Wo ein Schaf vorgeht — geht er aufs Eis tanzen — bis er bricht

wer am Ertrinken ist — mahlt zuerst — folgen die anderen nach

wenn dem Esel zu wohl ist — wer zuerst kommt — fällt selbst hinein

wer einem anderen eine Grube gräbt — ergreift jeden Strohhalm

der Krug geht so lange zum Brunnen

3 Entscheide über die Groß- oder Kleinschreibung der eingeklammerten Buchstaben. Schreibe die Sätze in dein Heft.

Er warnte mich: „(p)ass auf, der Ast bricht!“ – (d)ass wir das Spiel gewinnen würden, (w)ar mir von Anfang an klar. Der Trainer fragte den Spieler: „(h)ast du alle meine Anweisungen verstanden?“ – (w)ir kauften von unserem Ersparten einige Dinge für die Fahrradtour.
(z)wei Luftmatratzen hatten wir uns schon vorher besorgt. – (i)ch kann mich bei meinem Bruder darauf verlassen, (d)ass er immer zu spät kommt. – Der Schaffner rief: „(l)assen Sie doch die Leute aussteigen!“ – (n)ach dem Unfall machte er mir die heftigsten Vorwürfe.

R 3
Nomen (Substantive, Hauptwörter) werden großgeschrieben.

der Tisch, die Freunde, das Fenster, das Geheimnis, eine Tafel, die Dankbarkeit

R 3 Um diese Grundregel richtig anwenden zu können, muss man zunächst wissen, wo in einem Satz ein Nomen vorliegt.

Nomen erkennt man in einem Satz daran, dass ein bestimmter oder unbestimmter Artikel (Geschlechtswort) davor steht oder eingesetzt werden kann: *Ball → der (ein) Ball; Laub → das Laub,* auch: *der Einzelne.*

Diese wichtige Hilfe versagt manchmal, weil zwischen dem Artikel und dem Nomen ein Wort eingefügt ist:

*eine **spannende** Geschichte; die **große** Überraschung.*

Fehler werden vor allem bei den abstrakten Nomen, wie *Freude, Dank, Aufgabe, Bitte, Meinung*, gemacht, weil hier der Schreiber das Nomen schlechter erkennt als bei den konkreten Nomen, wie *Tisch, Tafel, Fenster.*

Manche Nomen kann man an besonderen Wortbausteinen am Ende erkennen:

*Klar**heit**, Tapfer**keit**, Mein**ung**, Hinder**nis**, Meister**schaft**, Heilig**tum**, Schick**sal**.*

Wenn du dir bei einem Wort nicht sicher bist, ob es ein Nomen ist, so wende die Artikelprobe an!
Meinung – **die** Meinung

Achte auch auf kennzeichnende Wortbausteine:
-ung, -heit, -keit, -nis, -schaft, -tum.

1 Setze die passenden Klein- und Großbuchstaben in die Lücken ein und schreibe die Wörter in dein Heft.

B P s l E R m P g b M k l sch H W

der _____utige _____ergsteiger; die ______pannende ____rzählung; ein ____issiger _____und; eine _____ustige ____arty; der ____alte _______in-ter; der _______aufstarke _______ittelstürmer; das ___nelle ____ennrad; das __esunde ___ausenbrot

2 Bilde mit Hilfe der Wortbestandteile Nomen, indem du sie mit den vorgegebenen Wörtern (Wortstämmen) zusammensetzt. Schreibe die neuen Wörter mit dem bestimmten Artikel auf: z. B. *die Verwandtschaft, das Schicksal*

heit	keit	ung	nis	schaft	tum	sal

verwandt, reich, gemein, schicken, ehrlich, rinnen, hindern, heizen, sparsam, irren, gefangen, sauber, halten, erlauben, mühen, frei, finster, dumm, heiter, gesund

3 Im folgenden Text sind im Inneren der Sätze alle Wörter kleingeschrieben. Schreibe die Sätze mit richtiger Groß- und Kleinschreibung in dein Heft.

Waldbrand

Im sommer, wenn die trockenheit am größten ist, können leicht waldbrände entstehen. Es genügt eine glimmende zigarette um einen großen brand zu entfachen. Dieser breitet sich dann mit rasender schnelligkeit aus, wenn ein starker wind das feuer anfacht. Es frisst sich durch trockenes gras und unterholz und findet in dürren ästen immer neue nahrung. Um das feuer aufzuhalten werden in aller eile schneisen in den wald geschlagen, damit das feuer dort keine neue nahrung findet. Löschfahrzeuge fahren heran und die feuerwehrmänner richten die wasserkanonen auf die lodernden flammen. Heute werden auch löschflugzeuge eingesetzt um die feuersbrunst einzudämmen. Dennoch werden in südlichen ländern in jedem sommer große waldflächen durch feuer vernichtet, das in vielen fällen durch brandstiftung entstanden ist.

R 4 Adjektive (Eigenschaftswörter) können als Nomen gebraucht werden und werden dann groß-geschrieben.	das Gute, dem Schönen, im Dunkeln, ins Blaue
R 5 Nach unbestimmten Mengen-wörtern, z.B. *alles, etwas, viel, nichts,wenig*, werden Adjektive immer großgeschrieben.	alles Wichtige, nichts Neues, etwas Interessantes, wenig Erfreuliches
R 6 Verben (Zeitwörter) können im Infinitiv (Grundform) als Nomen gebraucht werden und sind dann großzuschreiben.	das Laufen, beim Spielen, durch Rufen, zum Basteln

R 4 Eine wichtige Hilfe für die Großschreibung der Adjektive (Eigenschaftswörter) ist die Beachtung des Artikels: *das Neue*. Manchmal ist der Artikel auch mit einer Präposition (Verhältniswort) verbunden:

***im** (= in dem) Dunkeln; **ins** = (in das) Blaue.*

R 5 Die unbestimmten Mengenwörter, wie ***alles, etwas, viel, nichts, wenig,*** sollte man sich einprägen, da sie sichere Anzeiger der Großschreibung des folgenden Adjektivs sind: *nichts Gutes*.
Nach diesen Mengenwörtern erhalten die Adjektive meistens die Endung ***-es***.

R 6 Neben dem Artikel zeigen besonders die Wörter ***im, am, beim, vom, zum*** die Großschreibung der Verben (Zeitwörter) an:
***im** Fallen, **am** Sprechen, **beim** Turnen, **vom** Rufen, **zum** Reparieren.*
In diesen Wörtern sind eine Präposition (Verhältniswort) und ein Artikel miteinander verbunden: ***im** (= in dem); **zum** (= zu dem).*

Nach *das* und *am, im, vom, zum, beim* sowie Mengenwörtern, wie *alles, viel, wenig, nichts*, werden Adjektive bzw. Verben großgeschrieben!

1 Setze in die Lücken die passenden Wörter ein und schreibe den Text in dein Heft. Achte beim Aufschreiben auf die Großschreibung der Lückenwörter.

Aufregendes	Beste	Neues	Schönes	Gute	Surfen

Lieber Daniel!

Alles ① zu deinem Geburtstag. Wenn ich wieder aus den Ferien zurück bin, will ich dir etwas ② schenken. Ich habe hier allerlei ③ erlebt. Davon werde ich dir zu Hause einiges zu erzählen haben.
Das ④ noch zum Schluss: Ich habe ⑤ gelernt und kann mich schon gut auf dem Brett halten. Was gibt es bei euch ⑥ ? Lass bald etwas von dir hören!

Viele Grüße
dein Stefan

2 Entscheide über die Schreibweise der Wörter in Großbuchstaben. Vorsicht: Nicht alle werden großgeschrieben! Schreibe den Text in dein Heft.

Als wir nachts im Zelt schliefen, hörten wir gegen Mitternacht ein RAUSCHEN. Wir spähten vorsichtig aus der Zeltöffnung und sahen etwas HELLES schimmern. War jetzt nicht ein KNACKEN im Gebüsch zu HÖREN? Mir schoss allerlei ABENTEUERLICHES durch den Kopf. Dann sahen wir hinter dem Blumenbeet ein geflecktes Fell AUFTAUCHEN: Jetzt wussten wir, dass wir unsere Katze beim nächtlichen JAGEN gehört und gesehen hatten. Beruhigt konnten wir wieder in unsere Schlafsäcke kriechen.

3 Forme die folgenden Sätze so um, dass nach den Wörtern *zum, beim, vom, im, am* ein Verb in der Grundform steht. Beginne den Satz mit diesen Wörtern und schreibe ihn in dein Heft.

Sie brauchte viel Zeit um zu kochen. *Zum Kochen brauchte...*
Ich werde leicht heiser, wenn ich rede. *Vom...*
Er bekam Seitenstechen, als er lief. *Beim...*
Das Kind konnte sich noch fest halten, als es fiel. *Im...*
Wir erkannten unseren Onkel, als er sprach. *Am...*

R 7 Zahlwörter (Numerale) werden großgeschrieben, wenn sie als Nomen gebraucht werden.	eine Vier in Musik, sie würfelte eine Sechs, am Ersten des Monats, das erste Drittel
R 8 Altersangaben und Zeitangaben werden dagegen kleingeschrieben.	Sie ist acht (Jahre) geworden. Er rief um vier (Uhr) an.
R 9 Wörter aller anderen Wortarten (z.B. Adverbien, Präpositionen, Konjunktionen, Interjektionen) können als Nomen gebraucht werden und sind dann großzuschreiben.	das Durcheinander, das Für und Wider, das Entweder-oder, kein Wenn und Aber, ein freudiges Oh

R 7/8 Die Schreibweise der Zahlwörter ist sehr schwierig, deshalb sollte man in Zweifelsfällen ein Wörterbuch heranziehen.

Bei Zahlwörtern unterscheidet man die **Grundzahlen,** wie ***eins*** oder ***elf,*** und die **Ordnungszahlen,** wie *der **Erste** des Monats – er kam als **Dritter** ins Ziel*. Einen Hinweis auf die Großschreibung gibt häufig der vorausgehende Artikel: ***eine** Vier, **am** (= **an dem**) Ersten, **das** letzte Viertel.*

Grundzahlen werden kleingeschrieben:
*bis **drei** zählen, um **fünf** anrufen, Personen über **achtzig**.* Aber: eine **Million**.

Die Zahlwörter *Hundert(e)* und *Tausend(e)* kann man groß- oder kleinschreiben:
*Viele **Tausende/tausende** Zuschauer füllten das Stadion.*
Auf dem Marktplatz hatten sich einige ***Hundert/hundert*** Menschen versammelt.

Wenn die Ziffer (der Zahlenname) gemeint ist, wird immer großgeschrieben:
*die **Acht,** die böse **Dreizehn,** auf der **Drei.***

R 9 Häufig werden hier feststehende Wendungen gebraucht, die man sich in der Schreibweise merken sollte:

*das **H**ier und **J**etzt, das **H**in und **H**er, mit **A**ch und **K**rach,*
*das **A**uf und **N**ieder, das **D**rum und **D**ran, das **A**ls-ob.*

1 Schreibe die Sätze mit der richtigen Schreibweise der Zahlwörter auf. Beachte die Hinweise zu den Regeln 7/8.

Beim letzten Sportfest kam ich als ZWEITE ins Ziel. – Beim Spiel würfelte sie dreimal hintereinander eine SECHS. – Mit einer DREI im Zeugnis war ich in diesem Fach sehr zufrieden. – Nur jeder FÜNFTE hat in unserer Klasse für dieses Wanderziel gestimmt. – Trotz seines anfänglichen Rückstandes lief er noch als DRITTBESTER in die Zielgerade ein. – Wir beendeten das Turnier um Viertel vor ZWÖLF.

2 Setze für die Ziffern die Zahlwörter in der richtigen Schreibweise ein.

Die Kugel blieb schließlich auf der (6) liegen. – Heute Morgen stand ich um halb (7) auf. – Immer am (1.) bekomme ich mein Taschengeld. – Er traf mitten in die (12). – Bei der Auslosung wurde die (8) gezogen. – Mit (5) konnte ich schon zählen. – Das Thermometer sank unter die (0). – Mein Bruder ist gestern (17) geworden. – Klaus würfelte im Spiel eine (1).

3 Setze die passenden Ausdrücke in die Lücken ein und schreibe die Sätze in dein Heft.

Ach und Krach – Für und Wider – Entweder-oder – Wenn und Aber – Auf und Ab – Drum und Dran – Hin und Her – Einst und Jetzt

Bis er sich entschieden hatte, gab es ein langes ______________.

Wir haben in dieser Sache das ______________ genau überlegt.

Ich werde deine Bitte ohne ______________ erfüllen.

Sie mussten für das ganze ______________ viel Geld bezahlen.

Entscheide dich; es gibt nur ein ______________!

Mit ______________ schaffte er am Ende die Versetzung.

In der Höhe der Börsenkurse lässt sich oft ein ______________ beobachten.

Im Museum sahen wir große Unterschiede in der Zubereitung der Speisen zwischen dem ______________.

R 10
Bei mehrteiligen Namen, festen Begriffen und Titeln werden die Anfänge, z.B. Adjektive und Zahlwörter, großgeschrieben.

der Pazifische Ozean,
die Deutsche Bahn,
die Olympischen Spiele,
der Dreißigjährige Krieg

R 10 Um diese Regel richtig anwenden zu können, muss man sich jeweils fragen, ob bei einem Ausdruck ein fester Begriff bzw. Name vorliegt.

So ist z.B. der Ausdruck der ***italienische Wein*** kein fester Begriff, dagegen ist die ***Fränkische Schweiz*** ein geographischer Name für ein bestimmtes Mittelgebirge. Ebenso ist die ***französische Grenze*** kein fester Begriff, wohl aber die ***Französische Revolution,*** die als „Name“ für ein einmaliges historisches Ereignis steht.

Groß werden auch Wörter geschrieben, die von Orts- und Ländernamen auf -***er*** abgeleitet sind:
*der Hamburg**er** Hafen, das Wien**er** Schnitzel, der Schweiz**er** Käse.*

Klein werden dagegen die von geografischen Namen abgeleiteten Adjektive auf ***-isch*** geschrieben, wenn sie nicht Teil eines Namens sind:
*der bad**ische** Wein, der holländ**ische** Salat* , aber: *die Westfälische Pforte.*
Auch die folgenden Ausdrücke gelten nicht als Eigennamen:
das neue Jahr, die gelbe Karte, das große Los, das olympische Feuer, das schwarze Brett, das schwarze Schaf.

In Straßennamen können Adjektive enthalten sein; sie werden dann großgeschrieben:
***Lange** Gasse, **Neuer** Markt, **Alte** Post.*

1 Überlege genau, ob es sich bei den folgenden Ausdrücken um feste Begriffe bzw. Namen handelt. Entscheide dann über die Groß- oder Kleinschreibung der Buchstaben in Klammern. Schreibe die Ausdrücke richtig auf.

der (n)ahe Osten	das (s)chwarze Meer
der (t)hüringer Wald	das (r)ote Kreuz
das (r)heinische Schiefergebirge	die (c)hinesische Mauer
die (d)reißigjährige Frau	der (d)reißigjährige Krieg
das (t)ote Meer	das (o)berrheinische Tiefland
die (e)iserne Energie	die (d)eutsche Bahn
die (s)üdeuropäischen Länder	der (a)tlantische Ozean

2 Entscheide über die Groß- und Kleinschreibung. Schreibe alle Ausdrücke richtig auf.

Europäische Mahlzeit

(u)ngarisches Gulasch	(k)önigsberger Klopse
(t)iroler Knödel	(b)ayerische Dampfnudeln
(i)talienischer Salat	(s)chweizer Käse
(l)übecker Marzipan	(l)inzer Torte
(w)estfälischer Schinken	

3 Vervollständige die Sätze, indem du die richtigen Ausdrücke einsetzt. Schreibe sie in dein Heft.

Wilden Westen / Bürgerliches Gesetzbuch / Großen Bären
Persischen Golf / Weißen Haus / Auswärtiges Amt / Heilige Vater

Der amerikanische Präsident wohnt im ____________.
Cowboys und Indianer lieferten sich Kämpfe im ____________.
Am Sternenhimmel sieht man bei genauem Hinsehen den ____________.
Viele Öltanker aus arabischen Häfen fahren durch den ____________.
Das Ministerium des Außenministers der Bundesrepublik Deutschland heißt ____________
Das Gesetzbuch des bürgerlichen Rechts nennt man auch ____________(BGB).
Der ____________ besuchte auf seinen Reisen schon viele Länder der Erde.

R 11
Die Höflichkeitsanrede *Sie* und die davon abgeleiteten Formen, wie *Ihre, Ihnen* usw., werden großgeschrieben.

Machen Sie mit!
Wir geben Ihnen die Garantie, dass...
Treffen Sie Ihre Wahl.

R 12
Die Anredepronomen (Anredefürwörter) *du* und *ihr* und die dazugehörigen Possessivpronomen *dein* und *euer* werden auch in Briefen kleingeschrieben.

Heute hat mich deine Post erreicht.
Ich grüße dich herzlich.
Kannst du aufstehen?

R 11 Die Höflichkeitsanrede Sie wird immer – also nicht nur in Briefen – großgeschrieben:

Er fragte ihn: „*Wann sind **Sie** angekommen?*"

R 12 In Briefen wird also nur das Anredepronomen ***Sie*** (***Ihr, Ihre*** usw.) großgeschrieben.

Dabei muss aber im Text genau darauf geachtet werden, ob sich das Pronomen auf die angeredete Person oder auf weitere (dritte) Personen bezieht:

*Ich kenne leider **Ihre** Kontonummer* (die Kontonummer der angeredeten Person) *nicht.*

Aber: *Ich kenne leider **ihre** Kontonummer* (die einer dritten Person) *nicht.*

1 Setze die richtigen Formen ein (*Sie, Ihr, Ihre, Ihren, Ihnen*) und beachte die Schreibweise. Schreibe den Text in dein Heft.

Machen __________ Ferien in Hintermoos!
Wenn __________ einmal richtig ausspannen und sich von __________ alltäglichen Sorgen frei machen wollen, dann kommen __________ nach Hintermoos.
Und das können wir __________ bieten: Baden in einem herrlich gelegenen Waldschwimmbad, das __________ Wirbelsäule gut tun wird, bestens markierte Wanderwege, die __________ zum Bergwandern einladen, einen Reiterhof, der __________ und __________ Kinder für den Reitsport begeistern wird, und zwei gut geführte Gasthöfe, die __________ die schmackhaften Gerichte unserer heimischen Küche servieren.
Entschließen __________ sich bald!

2 Setze in den folgenden Brieftext die Anredepronomen in der richtigen Schreibweise ein. Schreibe den Text des Briefes auf.

Lieber Michael!

Schon drei Tage liegst __________ nun im Krankenhaus. Deshalb will ich __________ endlich einmal schreiben. Wie fühlst __________ __________ denn so ohne __________ Mandeln? Kannst __________ schon essen? Darfst __________ aufstehen? Von __________ Mutter weiß ich, dass __________ im Zimmer eine lustige Gesellschaft seid. __________ wirst viel Eis essen müssen, das könnte auch mir gefallen. Am Freitag komme ich __________ besuchen.

__________ Kurt

3 Für Schlaufüchse!

Achte besonders darauf, ob die Pronomen als Anredefürwörter gebraucht werden oder nicht! Schreibe den Text in dein Heft.

Liebe Frau Fröhlich!

Als [sie] gestern bei uns weggegangen sind, haben [sie] [ihre] Schlüssel vergessen. Ich habe [sie] aber erst heute Morgen gefunden und wundere mich, wie [sie] in [ihre] Wohnung gekommen sind. Wahrscheinlich hat [ihr] Wohnungsvermieter [ihnen] öffnen können. Ich habe meine Nachbarin gebeten, dass [sie] [ihnen] die Schlüssel morgen zur Hauptpost mitbringt. Sie sind sicher froh, dass [sie] [sie] endlich wiederhaben.

Ihre Eva Schmitt

R 13
Zeitbestimmungen werden als Adverbien kleingeschrieben. Solche Adverbien können auch von Nomen durch angehängtes *-s* abgeleitet werden.

heute, morgen,
gestern, früh,
mittags,
nachts, abends

R 14
Nach Adverbien wie *gestern, heute* und *morgen* werden die Tageszeiten großgeschrieben.

gestern Morgen,
heute Mittag,
übermorgen Nacht

R 13/14 Drei Merkmale muss man sich für die Schreibweise der Zeitangaben besonders gut einprägen:

Das angehängte ***-s*** weist auf die Kleinschreibung als Adverb hin:

*morgen**s**, abend**s**, freitag**s**, nachmittag**s**.*

Wörter wie *Abend, Morgen, Mittag, Nacht* sind Nomen. Auf ihre Großschreibung weisen meist bestimmte „Begleiter" hin:

Artikel (***der*** *Abend,* ***eines*** *Abends,* ***des*** *Nachts*),
Präposition + Artikel (***am*** *Morgen,* ***zum*** *Mittag*) oder eine
Präposition (***gegen*** *Abend,* ***nach*** *Mitternacht*).

Der **zweite** Bestandteil einer Zeitangabe wird als Bezeichnung einer Tageszeit immer großgeschrieben:

gestern ***Abend****, heute* ***Nachmittag****, morgen* ***Vormittag***, aber: *morgen* ***früh***.

1 Ordne die Zeitangaben in die Tabelle ein.

Nicht immer ernst zu nehmen!

Ein Sprichwort behauptet, dass nachts alle Katzen grau sind. Wenn schon nicht die Katzen, dann sicher die Mäuse. – Man soll am Tag nicht vor dem Abend toben. – Spinnen am Morgen bringt Kummer und Sorgen – Spinnen am Abend erquickend und labend. – Je später der Abend, desto schwerer die Gäste. – Erst gegen Abend werden manche Faulen fleißig. – Wer abends nicht ins Bett geht, soll wenigstens morgens gut ausschlafen. – Komme ich heute nicht, siehst du mich vielleicht morgen. – Was denkt die Maus am Nachmittag?

Adverb	Adverb auf -s	Nomen mit Artikel	Nomen mit Präposition

2 In dem Text sind Wörter bzw. Wortbestandteile aus den drei Spalten verwendet. Entscheide über ihre Schreibweise. Schreibe die Sätze auf.

der am gegen heute morgen	MORGEN MITTAG ABEND NACHMITTAG	-s

Der _____orgen war heute sonnig und mild. Am _____ittag zog vom Westen her eine Gewitterfront heran. Gegen _____bend regnete es in Strömen. Heute _____orgen fingen meine Kopfschmerzen schon an, _____ittags waren sie unerträglich. Ich muss _____orgen _____achmittag unbedingt zum Arzt gehen. Leider hat er _____orgens keine Sprechstunde.

3 Entscheide über die Groß- und Kleinschreibung der Zeitangaben.

Der Pechvogel

Seit GESTERN werde ich vom Pech verfolgt. Am MORGEN vertrat ich mir den Fuß, so dass ich HEUTE noch humpeln muss. Am NACHMITTAG stach mich eine Biene in die Hand. Gestern ABEND riss mein Hund aus, so dass ich ihn bis in die NACHT suchte. Heute MORGEN habe ich dann verschlafen und bin erst VORMITTAGS zu meinem Freund gekommen, mit dem ich demnächst zum Segeln fahren will. Ob meine Pechsträhne MORGEN endlich vorbei ist?

R 15
Verblasste Nomen, die in Verbindung mit den Verben *sein, werden, bleiben* stehen, werden kleingeschrieben.

Du bist schuld daran. Mir wird angst und bange. Das Unternehmen ist pleite. Dir ist das recht. Ich bin es leid.

R 16
Klein schreibt man eine Reihe von Wörtern auf *-s* und *-ens*, die von Nomen abgeleitet sind.

abends, montags, rechtens, willens, mittels, angesichts, seitens, falls

R 17
Klein schreibt man einige Redensarten und feste Verbindungen nach Präposition.

von nah und fern, durch dick und dünn, über kurz oder lang, schwarz auf weiß

R 15 Verblasst sind die Nomen hier deswegen, weil sie ihren Charakter als Nomen verloren haben.

Zu beachten ist, dass die verblassten Nomen meist mit den Verben *sein* und *werden* gebraucht werden:

angst sein, bange werden, gram sein, leid sein, pleite sein, schuld sein.

Werden diese Nomen in Zusammenhang mit anderen Verben verwendet, dann werden sie jedoch großgeschrieben:

***Schuld** tragen, **Angst** haben, jemandem **Angst** machen, **Recht** haben, **Recht** behalten, **Recht** bekommen, **Unrecht** haben, **Leid** tun, **Pleite** gehen.*

R 17 Weitere Beispiele: *von klein auf, seit längerem, ohne weiteres, von weitem.*

1 Setze die richtigen Wörter in die Sätze ein. Vorsicht, in vier Sätzen müssen die eingesetzten Wörter großgeschrieben werden! Schreibe die Sätze in dein Heft.

LEID – ANGST – SCHULD – RECHT – UNRECHT

Es tat ihm (LEID), dass er uns warten ließ. – Es ist mir (RECHT), wenn ihr hier bleibt. – Du bist (SCHULD), dass wir nicht vorwärts kommen. – Mir kannst du mit deinen Drohungen nicht (ANGST) machen. – Mit deiner Behauptung hast du in diesem Falle (UNRECHT). – Ihm ist (ANGST) vor der nächsten Prüfung. – An den vielen Verzögerungen tragen wir keine (SCHULD). – Wenn ich nicht bald neues Taschengeld bekomme, bin ich (PLEITE).

2 Setze in die Lücken der Sätze die passenden Wörter ein.

angesichts – donnerstags – falls – mittels – nachts – rechtens – seitens

Wir treffen uns immer ☐ zu unserer Gruppenstunde. – Der Einbrecher öffnete das Schloss ☐ eines Dietrichs. – Viele Meteorologen sprechen ☐ der zunehmenden Erwärmung der Erde von einem Klimawechsel. – Auch erwachsene Kinder wollen häufig nicht auf die Unterstützung ☐ ihrer Eltern verzichten. – Tiere, die den Tag verschlafen, sind nur ☐ aktiv. – Viel wertvolles Ackerland geht in Afrika verloren, ☐ die Wüste immer mehr vordringt. – Es ist nicht ☐ , dass jemand seinen Hausmüll auf einem Autobahnparkplatz entsorgt.

3 Setze in die folgenden Sätze die passende Redensart aus den Beispielen zur Regel 17 ein und schreibe sie auf.

Wenn jemand einem anderen bei allen Schwierigkeiten und Problemen hilft, dann geht er mit ihm **?**

Wenn Leute bei einem Fest aus den Orten der Umgebung und von weit her zusammenströmen, dann kommen sie von **?**

Wenn jemand etwas auf einem Schriftstück von einem anderen bestätigt bekommt, dann kann er es **?** nach Hause tragen.

Auch wenn jemand in seinem Leben immer Glück zu haben scheint, kann ihm **?** doch etwas missglücken.

R 18
Klein schreibt man Adjektive, Pronomen und Partizipien, die sich auf ein vorhergehendes oder nachstehendes Nomen beziehen.

Er war der kräftigste der drei Jungen. Meine alten Schuhe passen mir besser als die neuen.
Von den beiden Büchern ist das zweite das spannendste.

R 19
Kleingeschrieben werden Pronomen, auch wenn sie an der Stelle von Nomen stehen.

Er stritt **alles** ab. Das tut **man** nicht. Die **beiden** halten fest zusammen.
Darin hat sich schon **mancher** geirrt.
Im Spiel kann nicht **jeder** gewinnen.

R 20
Die Zahlwörter *viel, wenig, eine, andere* werden in allen Formen kleingeschrieben, auch wenn sie z.B. mit Artikeln verbunden sind.

die vielen, das wenige, die einen, die anderen, alles andere, unter anderem, etwas anderes, allerlei anderes

R 18 Zu dieser Regel kann man auch die Schreibweise der Superlative mit *am* zählen. Nach ihnen kann man mit „Wie?“ fragen:

*Der letzte Clown gefiel uns am **besten**. Katrin sprang beim Sportfest am **höchsten.***

R 19/20 Weitere Beispiele: *die meisten, keiner, jemand, alle beide.*

1 Entscheide, ob die Wörter in Großbuchstaben groß- oder kleingeschrieben werden.

Gefährliche Tiere

Von den wilden TIEREN gilt oft der Tiger als das GEFÄHRLICHSTE. Aber die meisten wilden Tiere, auch die STÄRKSTEN, fliehen in der Regel vor den Menschen. – Von den Meerestieren wird der Weißhai als der BLUTRÜNSTIGSTE gefürchtet. Er ist der DRITTGRÖSSTE unter den verschiedenen HAIARTEN, die die Meere bevölkern. – Für den Menschen sind jedoch einige Gifttiere statistisch gesehen viel gefährlicher; zu den KLEINEREN zählen z. B. die Bienen und Wespen, die besonders bei Allergikern mit ihrem Gift lebensbedrohlich sein können. – Von den INSEKTENSTICHEN ist wohl der Hornissenstich am SCHMERZHAFTESTEN. Aber er ist nicht gefährlicher als ein gewöhnlicher Wespenstich. – Quallen können durch die Nesselfäden brennende VERLETZUNGEN verursachen; das Gift der Feuerqualle ist am WIRKSAMSTEN und kann sogar zum Tod führen.

2 Tausche die eingerahmten Wörter, so dass sinnvolle Sätze entstehen. Schreibe diese auf.

Dein Kleiderschrank ist so voll, dass du an jedem Tag das wenigste anziehen kannst. – Weil heute jemand zu mir kam, musste ich ganz alleine spielen. – Mein Bruder und sein Freund haben am gleichen Tag Geburtstag; deshalb feiern mancher gemeinsam. – Dass du dich bei ihm bedankst, ist etwas anderes, was man von dir erwarten kann. – Wenn niemand ernsthaft krank ist, sollte er zum Arzt gehen. – In einer großen Menschenmenge fühlt sich die beiden sehr verloren.

3 Entscheide über die Groß- oder Kleinschreibung der in Großbuchstaben gedruckten Wörter.

Ich habe ja schon VIELES erlebt, aber gestern ist es mir ein WENIG zu VIEL geworden. Als ich um acht Uhr das Haus verließ, fuhr mir der Bus vor der Nase weg. Ich und die VIELEN ANDEREN, die später zu den Haltestellen kamen, warteten dann ungeduldig auf den nächsten Bus. Die EINEN gingen an der Haltestelle hin und her, die ANDEREN lasen in der Zeitung. Erst um neun ließ sich dann ein Fahrzeug an unserer Haltestelle blicken. Für VIELE war das aber keine Hilfe mehr, denn sie hatten sich mit ANDEREN schon zu Fuß auf den Weg gemacht.

1 In diesem Text sind zehn Wörter in Großbuchstaben enthalten. Entscheide über ihre Groß- und Kleinschreibung. Notiere dazu die Regel, die ihre Schreibweise bestimmt.

In seinem Abenteuerbuch „Die Reise zur Wunderinsel" erzählt der Jugendschriftsteller Klaus Kordon von Silke, die NEUN (1) geworden ist und mit ihren Eltern am RANDE (2) einer großen Industriestadt lebt. Bei einem Arztbesuch erfahren die Eltern, dass Silke an einem schweren Lungenleiden erkrankt ist und deshalb wahrscheinlich nur noch zwei Jahre zu leben hat. Silke darf sich von ihren Eltern einen WUNSCH (3) erfüllen lassen – eine Reise mit dem Segelschiff in die Südsee. Nachdem die Eltern die Reise gut vorbereitet haben, stechen sie im Hafen von Athen mit einem Segelboot in See. Die erste Etappe führt sie nach Kreta, wo sich ein kleiner Junge NACHTS (4) als blinder Passagier an Bord des Schiffes schleicht. Die Fahrtroute führt dann durch den Suezkanal ins ROTE (5) Meer und den INDISCHEN (6) Ozean nach Indien. Unterwegs erleben sie unter ANDEREM (7) einen schweren Sturm, den die vier Passagiere glücklich überstehen; aber die automatische Steuerungsanlage muss repariert werden. Beim BUMMELN (8) an Land wird dem Vater jedoch der größte Teil der Ersparnisse gestohlen, so dass sie nicht mehr bis in die Südsee gelangen können. Die Familie steuert deshalb eine unbewohnte Insel vor Indonesien an, wo alle eine ZEIT (9) lang ein Leben wie Robinson führen. Hier bessert sich Silkes Gesundheitszustand immer mehr. Ein Arzt in Djakarta, der Hauptstadt Indonesiens, rät der Familie den Aufenthalt in dem gesunden Seeklima fortzusetzen. Aber da nicht mehr viel Geld übrig geblieben ist, müssen die Eltern etwas ANDERES (10) überlegen. Schließlich tritt die Familie mit ihrem Segelboot die Heimreise an. Nachdem alle glücklich in Kreta angekommen sind, verkaufen sie ihr Segelschiff und lassen sich in einer kretischen Küstenstadt nieder, wo Silke in besserer Luft leben kann.

2 Setze die Wörter in der vorgegebenen Reihenfolge ein; einige müssen in der Form verändert werden. Vorsicht! Nicht in allen Lücken werden die Wörter als Nomen verwendet. Achte besonders auf die Anzeiger für die Großschreibung!

betrachten – interessant – meist – formulieren – lesend – verkaufen – feiern – angenehm
Beim □ von Werbeanzeigen stoßen wir auf viel □. In den Texten und Bildern der Werbefachleute werden oft Gefühle angesprochen, denn die □ Menschen treffen ihre Kaufentscheidungen in erster Linie über die Gefühle. Ein Kachelofenbauer wird deshalb beim □ eines Werbetextes nicht nur auf die Wärme hinweisen, die durch den Kachelofen in der Wohnung verbreitet wird. Erst die „wohlige Wärme“ weckt beim □ die Empfindungen, die für eine Kaufentscheidung so wichtig sind. Auch fürs □ einer Hautcreme ist es ratsam, dass den Mädchen und Frauen nicht nur eine glatte Haut, sondern Jugend und Schönheit versprochen wird. Bei der Auswahl des Kaffees wird den Verbrauchern manchmal auch ein schlechtes Gewissen eingeredet, weil sie nicht die „richtige“ Marke verwenden. Angeblich sind sie dann schuld daran, wenn das □ ein Reinfall geworden ist. Hier zeigt sich, dass nicht nur die □, sondern auch die negativen Gefühle der Käufer für die Werbetexter von Bedeutung sind.

3 In dem folgenden Text wurden zwar alle Satzzeichen gesetzt, aber alle Wörter sind kleingeschrieben.

wie die schildbürger zu törichten leuten wurden

im mittelalter lag mitten in deutschland eine stadt, die schilda hieß. die einwohner dieser stadt nannte man deshalb schildbürger. alles, was diese merkwürdigen leute anpackten, machten sie verkehrt, denn sie nahmen alles wörtlich. wenn jemand zu ihnen sagte: „ihr habt ja ein brett vorm kopf!“, dann griffen sie sich vor den kopf und wollten das brett entfernen. ihre dummheit sprach sich im ganzen land herum und brachte einige fast zur verzweiflung. es lachten aber auch viele über sie und konnten gar nicht genug geschichten über die törichten schildbürger hören. natürlich fragten sich auch manche leute, weshalb die schildbürger so viele tolle streiche lieferten. dafür gab es eine erklärung. der sage nach waren nämlich die schildbürger früher besonders aufgeweckte und kluge leute. das sprach sich bald im ganzen land herum. wenn sich die leute anderswo keinen rat mehr wussten, so kamen boten von nah und fern nach schilda um sich dort ratschläge zu holen. viele schildbürger gingen auch als ratgeber an fürsten- und königshöfe, so dass sie nur noch selten zu hause waren und ihren frauen das wirtschaften überließen. in schilda entstand bald ein großes durcheinander. schließlich traten die frauen zusammen und schrieben ihren männern in der fremde einen brief, dass sie schleunigst nach schilda zurückkommen sollten. nachdem die männer zurückgekommen waren, berieten sie über ihr künftiges verhalten. sie wollten erreichen, dass sie nicht mehr um rat gefragt wurden. da hatte einer der schildbürger eine idee: „unsere klugheit ist schuld daran, dass wir in diese lage gekommen sind, vielleicht kann uns die dummheit retten.“ und so beschlossen sie sich dumm zu stellen, damit man sie künftig nicht mehr um rat fragte. nur der lehrer hatte bedenken. er meinte, dass man vielleicht auch dumm werden könnte, wenn man sich lange genug dumm stellte, aber die schildbürger hörten nicht auf ihn.

a) Schreibe den Text in Groß- und Kleinschreibung richtig auf.

b) Suche zu den unterstrichenen Wörtern die Regeln für ihre Groß- oder Kleinschreibung.

Überprüfe dein Können. Schreibe die folgenden Texte nach Diktat.

Im Schullandheim

Eine Gruppe von Schülern fährt ins Schullandheim, das in der Nähe eines malerischen Sees gelegen ist. Die Aufregung und Freude sind groß, als die Schüler frühzeitig an der Bushaltestelle eintreffen. Das Tragen der Koffer scheint den Kleinen, die zum ersten Mal für längere Zeit auf Klassenfahrt gehen, wenig auszumachen. Schnell ist das Gepäck verstaut und jeder hat seinen Platz gefunden. Die ersehnte Fahrt kann beginnen. Gegen Mittag erreicht der Bus sein Ziel. Das Schullandheim liegt am Ufer eines Sees inmitten der Berge. Zum Schauen und Staunen bleibt aber zunächst wenig Zeit, denn die Sachen müssen ausgeladen und ins Haus getragen werden. Auch lockt die Hungrigen das versprochene Essen im Speisesaal. Nach dem Essen erkunden Schüler und Lehrer die nähere Umgebung. So geht der erste Tag im Schullandheim zu Ende. Die Abende im Heim sind am schönsten. Gemeinsames Spielen und viel Abwechslung lassen keine Angst und Einsamkeit aufkommen, auch wenn einige Kinder das erste Mal allein von zu Hause weg sind. Gegen Ende des Aufenthaltes sind alle der Ansicht, dass sie nächstes Jahr wiederkommen wollen.

Bergsteigen – ein gefährlicher Sport

Das Bergsteigen kann eine gefährliche Sportart sein, wenn jemand leichtsinnig wichtige Regeln außer Acht lässt. Schon auf die Ausrüstung sollte man großen Wert legen. Selbst bei strahlendem Sonnenschein darf man sich nie mit Halbschuhen und leichter Kleidung ins Hochgebirge wagen um Zweitausender oder Dreitausender zu besteigen. Wer trotzdem ungenügend gerüstet zu einer Bergtour aufbricht, riskiert nicht nur sein eigenes Leben, sondern auch das Leben anderer. Schwierige Touren sollte nie einer allein unternehmen, mindestens zwei oder drei Bergsteiger sollten sich zu einer Seilschaft zusammenschließen. Erfahrene Bergführer bringen zehn oder mehr Touristen ungefährdet auf bekannte Gipfel. Sie sorgen bei Unfällen dafür, dass der Verletzte ohne langes Hin und Her von der Bergwacht abgeholt und sicher nach unten gebracht wird. Auf diese Weise werden jährlich Hunderte von Menschen aus Bergnot gerettet. Besonders Wetterstürze bringen viele Bergsteiger in Bedrängnis. Bei den ersten Anzeichen eines Wetterumschlags sollte jeder sofort umkehren. Nicht wenige, die glaubten noch ihr Ziel erreichen zu müssen, sind später in Bergnot geraten.

2. s-Laute

Die wichtigsten Regelungen der Schreibung der s-Laute

Bei der Schreibung der s-Laute ist zu unterscheiden:

- das **stimmhafte** (weiche) s
  - Am Wortanfang steht vor Vokalen immer stimmhaftes *s*.
    Salz, Seite sieben
  - Stimmhaftes s steht häufig im Inneren zwischen Vokalen.
    Hase, lesen
  - Stimmhaftes *s* steht nach l, m, n und r, außer am Wortende.
    Felsen, Amsel, Insel, Ferse
  - Auch die verlängerten Wortformen von Wörtern, die auf *s* enden, haben stimmhaftes *s*.
    Gräser, lasen, Mäuse
- das **stimmlose** (scharfe) s
  - im **Auslaut**
    - Am Wortende wird *s* immer stimmlos gesprochen.
      Gras, las, Maus
  - nach **Vokalen**
    - Nach **kurzem,** betontem Vokal wird das stimmlose *s* immer *ss* geschrieben.
      lassen, Kuss, musst, bisschen, hässlich
      - Auch am Wortende bleibt ss erhalten.
        muss, Schuss, vergiss
      - Die Konjunktion *dass* wird immer mit *ss* geschrieben.
        Ich weiß, dass angenommen, dass
    - Nach **langem** Vokal und Diphthong wird das *s* immer *ß* geschrieben.
      Fuß, Grüße, Schoß, außen, heißen

Hinweise

Die Übersicht macht deutlich, dass wir in der Rechtschreibung die s-Laute auf drei verschiedene Weisen wiedergeben:

s ss ß

- In der lautreinen Aussprache unterscheidet man zwei verschiedene *s*-Laute: das **stimmhafte** (auch: weiche) *s* und das **stimmlose** (auch: scharfe) *s*, das hart, ohne Schwingen der Stimmbänder, gesprochen wird.
- Stimmhaftes *s* wird immer *s* geschrieben, stimmloses *s* kann dagegen sowohl durch *ss (Wasser)* und *ß (Floß)* als auch durch *s (bis)* wiedergegeben werden. Das *s* in *bis* wird wegen der Auslautverhärtung stimmlos gesprochen.
  Wenn wir also stimmhaftes *s* in einem gesprochenen Wort erkennen können, dann ist die Schreibung mit *s* leicht zu ermitteln.
- Die Unterscheidung des stimmhaften und des stimmlosen *s* ist aber nur bei einer der Hochsprache entsprechenden Aussprache der Wörter möglich. In einigen süddeutschen Sprachlandschaften wird zudem in der Aussprache nicht zwischen dem stimmhaften und dem stimmlosen *s* unterschieden. Von der Aussprache zur richtigen Schreibweise – selbst des stimmhaften *s* – zu gelangen, ist also ein ziemlich unsicherer Weg. Außerdem macht die Schreibweise des stimmhaften *s* gegenüber *ss* und *ß* ohnehin die geringsten Schwierigkeiten. Am Wortanfang wird ohnehin immer *s* bzw. *S* geschrieben.
- Größere Schwierigkeiten macht dagegen die Schreibweise des stimmlosen s-Lautes. Aber auch für diese Schreibweisen gibt es wichtige Hilfen:

1. die Kürze oder Länge des Vokals, der dem s-Laut vorhergeht:

Vokal: **kurz**	Vokal: **lang**
↓	↓
l**a**ssen	gr**ü**ßen
↑	↑
Schreibweise mit ***ss***, nie *ß*	Schreibweise mit ***ß***, dagegen nie *ss*

2. Außerdem kann die Überlegung wichtig sein, von welchem Wortstamm eine bestimmte Form abgeleitet ist.

er *liest*	→ von: *lesen*
er *rast*	→ von: *rasen*
sie *misst*	→ von: *messen*
es *gießt*	→ von: *gießen*

R 1 Im Wortanfang wird der *s*-Laut immer mit *S/s* wiedergegeben. Im Wortinneren kommt das stimmhafte s häufig zwischen Vokalen vor.	Salz, Seite, sieben, Nase, Reise, Dose, Riese, lesen, niesen
R 2 Stimmhaftes *s* steht auch nach *l, m, n, r*, außer am Wortende.	Hälse, Amsel, Insel, Kurse

R 1 Stimmhaft ist der ***s***-Laut am Wortanfang vor Selbstlauten (Vokalen): ***s**auber, **S**eife, **s**ieden.*

Stimmlos ist das anlautende ***s*** vor Mitlauten (Konsonanten): ***S**klave*.

Beim stimmhaften, also weich gesprochenen ***s***-Laut schwingen die Stimmbänder mit. Dieses Mitschwingen kann man spüren, wenn man einen Finger an den Kehlkopf legt. Beim stimmlosen *s*-Laut tritt diese Schwingung der Stimmbänder nicht auf.

R 2 Dass am Ende der Wörter Mitlaute (Konsonanten), wie ***b, d, g*** oder ***s***, stimmlos gesprochen werden, ist die Folge der Auslautverhärtung:
Hals (***s*** stimmlos gesprochen). Dagegen: *Häl**s**e* (***s*** stimmhaft gesprochen). Beide ***s***-Laute werden in diesen Wörtern in der Schreibung durch *s* wiedergegeben.

1 Setze aus den Wortteilen Wörter zusammen, schreibe sie auf.

Ei krei Prei Ro Mei
Be Brau
prei Drü
Ra Mu
spei Kä
lö We ra Rie

se
sen

2 Schreibe die Wörter auf, indem du die richtigen Wortbestandteile ergänzt.

ls/ms/ns/rs			
Bre___e	Gä___e	Pu___	Fe___e
Sa___tag	Bi___e	Fe___	Ve___
A___el	Pi___el	a___o	Pe___on
e___ig	Se___e	Hü___e	Ma___

3 Schreibe die fehlenden Verbformen in dein Heft.

	Präteritum	Perfekt
lesen	er las	er hat gelesen
lösen		
speisen	?	?
reisen		
preisen		
blasen		
grasen		
bremsen		

4 Schreibe zu den Wörtern die Einzahl in dein Heft.

Gräser		Läuse		Gleise		Gänse	
Gläser	?	Kreise	?	Felsen	?	Lose	?
Greise		Preise		Kurse		Verliese	
Häuser		Beweise		Hälse		Gase	

R 3 *ss* folgt im Wortstamm immer einem betonten kurzen Vokal.	Fluss, Schüssel messen, küssen
R 4 *ss* nach kurzem Vokal bleibt auch in allen anderen Formen der Wörter erhalten.	messen, er misst lassen, lass das! pressen, gepresst

R 3/4 Um diese Regeln richtig anwenden zu können, muss man die Wörter gut aussprechen, damit die Kürze oder Länge des Vokals oder Umlautes deutlich hörbar wird.

*F**ä**sser* – das ***ä*** wird kurz gesprochen
*m**u**sst* – das ***u*** wird kurz gesprochen
*verg**i**ss* – das ***i*** wird kurz gesprochen
*f**e**sselnd* – das ***e*** wird kurz gesprochen
aber:
*Gr**ü**ße* – das ***ü*** wird lang gesprochen
*fr**a**ßen* – das ***a*** wird lang gesprochen

1 Sprich dir die Wörter der Wörterschlange vor und achte auf die Kürze oder Länge des Vokals vor dem *s*-Laut. Schreibe die Wörter auf.

Schlüsselmesserstoßenschlösserfraßengerissengießenschlüsse
verpassengrößeließenkesselsesselfassensaßenbissig

kurzer Vokal vor dem s-Laut	langer Vokal vor dem s-Laut
Schlüssel	stoßen

2 Setze die Wortteile zu möglichst vielen Wörtern zusammen.

Ke Ka Ki Kla	ss	**e en el**	**Schü Schlü Schlö Nä**	ss	**e er el**	**Fä Flü Flo Fe**	ss	**e er en el**
Ri Rü Ra	ss	**e el**	**Nü Ma Me**	ss	**e en**	**Bi Bä Bu**	ss	**e en**

3 Bilde zu allen Verben die fehlenden Formen und schreibe sie auf.

	Präsens	Partizip 2	Befehlsform
essen	du isst	gegessen	iss!
passen	er		auf!
fassen	er	?	?
lassen	er		
fressen	er		
messen	du misst		

4 Rätsel

Schreibe die Lösungswörter in dein Heft.

fließende Gewässer
Singvogel
Elefantennase
Schülergruppe
Schneidewerkzeug
Flüssigkeit
Schließwerkzeug
Türsicherungen

			F	L				
		D	R					
			K					
			M					
			W					
S	C	H						

Ü, Ö = ein Buchstabe

R 5
Nach langem Vokal und *au, ei* und *eu* wird der stimmlose *s*-Laut immer mit *ß* geschrieben.

Füße, Größe, Stöße, fließen, gießen, draußen, heißen

R 5 Auch diese Regel kann nur richtig angewandt werden, wenn man erkennt, dass der Vokal vor dem stimmlosen *s*-Laut lang gesprochen wird.

*Sp**ie**ße*	– der ***i*-Laut** wird lang gesprochen
*s**a**ßen*	– das ***a*** wird lang gesprochen
*gr**ü**ßen*	– das ***ü*** wird lang gesprochen
*st**o**ßen*	– das ***o*** wird lang gesprochen

Auch ***au, ei, eu*** gelten als lange Vokale, so dass nach ihnen der stimmlose *s*-Laut mit ***ß*** geschrieben wird:

***au**ßen, verh**ei**ßen, b**ei**ßen, sch**eu**ßlich.*

Bei einigen Verben wechselt die Schreibweise zwischen ***ß*** und ***ss***.
Bei diesen Verben muss man besonders genau beachten, ob ein **langer** oder ein **kurzer** Vokal vor dem ***s***-Laut gesprochen wird.

fließen	–	*fließt*	–	*floss*	–	*geflossen*
gießen	–	*gießt*	–	*goss*	–	*gegossen*
genießen	–	*genießt*	–	*genoss*	–	*genossen*
beißen	–	*beißt*	–	*biss*	–	*gebissen*
reißen	–	*reißt*	–	*riss*	–	*gerissen*

1 Setze die Wortteile aus den drei Kästen zusammen und bilde möglichst viele Wörter.

be ver zer auf	schlie sü flie gie	ßen

2 Hier sind zusammengesetzte Wörter durcheinander geraten. Wie heißen sie richtig?

Fußverschluss	Spaßanzug	Schoßvogel	Straßenspeise
Reißball	Großhund	Süßfeuer	Maßbelag

3 Suche zu den Nomen in der linken Spalte Verben oder Adjektive mit gleicher Schreibweise des *s*-Lautes. Ergänze in der rechten Spalte die Grundformen der Verben und schreibe sie in dein Heft.

Gruß	
Buße	?
Spieß	
Fleiß	
Spaß	
Stoß	

gießt	
fließt	?
schießt	
heißt	
reißt	
schließt	

4 *ss* oder *ß*? Schreibe den Text in richtiger Schreibweise in dein Heft.

Das Unwetter

In den letzten Ferien in den Bergen wurden meine Eltern und ich beim Abstieg vom Weißspitz von einem scheu_____lichen Unwetter überrascht. Beim Mittage_____en sa_____en wir noch gemütlich vor einer kleinen Berghütte und lie_____en es uns gut schmecken. Es war ein hei_____er Tag. Doch kurz, nachdem wir uns zum Abstieg entschlo_____en hatten, zogen am Horizont die ersten Wolken auf. Sie wurden grö_____er und grö_____er und hüllten zuletzt die Bergspitze ein. Wir mu_____ten uns also mit dem Abstieg beeilen. Wir verga_____en unsere müden Fü_____e und suchten so schnell wie möglich in das Tal zu kommen. Da begann es auch schon zu regnen, so da___ wir unsere Regenkleidung anziehen mu_____ten. Bald go_____ es in Strömen und alles tropfte vor Nä_____e. Das kleine Rinnsal, dem wir gefolgt waren, verwandelte sich in einen rei_____enden Bach. Schlie_____lich erreichten wir die Stra_____e, an der wir unser Auto geparkt hatten. Nun konnte es gie_____en, so viel es wollte, denn wir sa_____en im Trockenen.

R 6
Die Konjunktion (Bindewort) *dass,* die immer am Beginn eines Nebensatzes steht, wird mit *ss* geschrieben.

Er hoffte, dass du kommst. Wir meinen, dass du Recht hast. Dass du pfeifst, stört mich.

R 6 Eine wichtige Hilfe ist, dass die Konjunktion **dass** in einem besonderen Nebensatztyp auftritt:

Ich hoffe, ***dass** du schweigst.*

Typische Verben, die im Hauptsatz vorkommen, sind die **Verben des Sagens und Meinens,** wie:
glauben, sagen, meinen, hoffen, sehen, bitten, behaupten, denken, versprechen, wissen usw.
Die Konjunktion *dass* richtet nach diesen Verben den Blick auf das, was gesagt, gemeint, gehofft usw. wird.

Wir hatten schon keine Hoffnung mehr, ***dass** du noch rechtzeitig kommen würdest.*

Durch Übung sollte deshalb die Verbindung eines Verbs des Sagens oder Meinens (im Hauptsatz) mit der nachfolgenden Konjunktion *dass* eingeschliffen werden.

Eine weitere Hilfe ist die **Ersatzprobe,** die allerdings in erster Linie für die Sicherung der richtigen Schreibweise des Artikels/Pronomens ***das*** geeignet ist (R 7).
Die Konjunktion ***dass*** kann **nicht** durch *dieses* oder *welches* ersetzt werden:
Er weiß, dass sie Blumen liebt.
↑
kein Ersatz durch
dieses oder
welches möglich

1 Setze sinnvolle Satzgefüge zusammen und schreibe sie in dein Heft. Unterstreiche in den aufgeschriebenen Sätzen die Konjunktion (Bindewort).

Er hörte,		du gut aussiehst.
Alle finden,		sein Vater krank sei.
Ich verspreche dir,	dass	die Tage kürzer werden.
Jeder merkt,		niemand meinen Geburtstag vergisst.
Ich hoffe,		ich dir helfen werde.
Ich bitte dich,		du mir endlich verzeihst.

2 Setze die angefangenen Satzgefüge fort. Schreibe die Sätze in dein Heft.

Mein Bruder behauptet, dass ____________________.
Die Fachleute versichern, ____________________.
Der Lehrer sagt, ____________________.
Ein Schwimmer weiß, ____________________.
Der Schüler hofft, ____________________.
Der Läufer sieht, ____________________.
Mein Freund glaubt, ____________________.
Der Hund hört, ____________________.

3 Setze die Konjunktion *dass* in die Lücken ein und schreibe den Text in dein Heft. Unterstreiche in den Hauptsätzen die Verbformen.

Wissenschaftler meinen, __________ vieles, was über Kreuzottern geschrieben wurde, nicht stimmt. Heute weiß man, __________ erst 100 Milligramm des Giftes dieser Schlange einem Erwachsenen gefährlich werden können. Durch Bissproben hat man herausgefunden, __________ beim Schlangenbiss aber nur zehn Milligramm Gift frei werden. Deshalb empfehlen die Wissenschaftler, __________ nur kleine Kinder und alte Leute ein Gegengift erhalten sollen. Auch die Meinung, __________ man den gebissenen Körperteil abbinden soll, wird als falsch bezeichnet. Es ist sehr gut, __________ wir heute mehr über Kreuzottern und ihr Verhalten wissen, damit wir auf diese Tiere richtig reagieren können.

R 7
Der bestimmte Artikel und das Pronomen *das* werden mit *s* geschrieben.

das schöne Wetter
Er hat das gesagt.
Das Kleid, das ich trage,...

R 7 Durch die Schreibweise des s-Lautes in *dass* oder *das* werden in der deutschen Rechtschreibung Wortarten unterschieden:
- die Konjunktion ***dass,***
- der Artikel und das Pronomen ***das.***

Die Schreibweise des Artikels *(**das** Wetter)* birgt meist keine Probleme und braucht deshalb nicht besonders geübt zu werden. Fehler treten häufiger beim Relativpronomen auf.

*Wir sahen **ein Mädchen, das** auf einem Pony ritt.*

Das Relativpronomen ***das*** bezieht sich hier auf *ein Mädchen,* also auf ein Nomen im Hauptsatz. Deshalb wird das Relativpronomen auch *bezügliches Fürwort* genannt. Von seiner Funktion her kann man das Relativpronomen *das* eindeutig von der Konjunktion *dass* unterscheiden:
Die Konjunktion ***dass,*** die auch vor einem Nebensatz steht, bezieht sich nämlich niemals auf den Hauptsatz zurück, sondern sie verweist auf den unmittelbar folgenden Nebensatz.

*Wir sahen, **dass** → sie auf dem Pony ritt.*

Das Pronomen ***das*** kann auch ein Demonstrativpronomen (hinweisendes Fürwort) sein:

*Ich weiß **das*** (= dieses).

Ob ein Artikel oder ein Pronomen vorliegt, lässt sich durch eine Ersatzprobe feststellen: Wenn *das* durch *dieses* oder *welches* ersetzt werden kann, wird es mit *s* geschrieben.

das Haus	*Ich weiß das.*	*Das Pony, das mir gehört,...*
↓	↓	↓
dieses	dies(es)	welches

1 Verbinde jeweils die beiden Sätze mit dem Relativpronomen *das*.

Das Fahrrad ist verkehrssicher.	+	Das Fahrrad gehört mir.

Das Fahrrad, das mir gehört, ist verkehrssicher.

Das Spiel hat mir gut gefallen.	+	Wir haben es ausgedacht.
Das Buch war sehr spannend.	+	Ich habe es gestern gelesen.
Das Gewichtheben hält mich fit.	+	Ich übe es regelmäßig.
Das Schnitzel war sehr saftig.	+	Er hat es heute Mittag gegessen.
Das Endspiel war sehr dramatisch.	+	Wir haben es gesehen.

2 Führe jeweils die Ersatzprobe mit *dieses* oder *welches* durch. Entscheide dann, ob du *das* oder *dass* einsetzen musst.

Da___ darf doch nicht wahr sein! – Mir hat da___ kleinere Schränkchen

(dieses / welches ?) (dieses / welches ?)

besser gefallen. – Bist du auch der Meinung, da___ er Recht hat?

(dieses / welches ?)

Wie viel kostet da___ Fahrrad, da___ dort drüben steht? – Ich habe da___

(dieses / welches ?) (dieses / welches ?) (dieses / welches ?)

wirklich vergessen.

3 Entscheide über die Schreibweise *(das/dass)*.

„Da___ wird sicher lustig", sagte mein Bruder, als wir zum Volksfest aufbrachen, da___ am vergangenen Wochenende auf dem Festplatz stattfand. Schon von weitem sahen wir da___ große Festzelt, da___ mit bunten Wimpeln geschmückt war. „Meinst du nicht, da___ wir gleich da___ Karussell ausprobieren sollten?", fragte mich mein Bruder. Da___ war mir nur recht. Und bald saßen wir angeschnallt in dem engen Wagen und warteten auf da___ Startsignal. Dann setzte sich da___ Karussell in Bewegung und drehte sich immer schneller. Ich merkte, da___ mir etwas flau im Magen wurde. „Da___ wird doch gut gehen", dachte ich bei mir. Schneller sauste der Wagen über die kreisförmige Bahn, da___ mir das Blut in den Schläfen hämmerte. Aber dann ging da___ grausame Spiel zu Ende und mit unsicheren Schritten folgte ich meinem Bruder zur nächsten Attraktion.

Wörter mit s-Lauten, die am häufigsten falsch geschrieben werden

Wörter mit ss

aufpassen	gegessen	fressen	Klasse	müssen	Schlösser
besser	das Essen	gefressen	lassen	nasse	Schlüssel
Busse	fassen	gegossen	messen	passen	vergessen
essen	Flüsse	interessant	Messer	passiert	wissen

Wörter mit ß nach langem Vokal

aß	Füße	Gruß	stoßen
aßen	Fußball	Grüße	stößt
außerdem	gießen	hieß	stieß
bloß	gießt	ließ	gestoßen
draußen	groß	reißen	Straße
fließen	größer	saß	süß
fließt	am größten	schließlich	vergaß
fraß	grüßen	schließt	weiß
fraßen	grüßt	Spaß	ich weiß
Fuß			weißt

Wörter mit s, die oft falsch geschrieben werden

anders	daraus	Geheimnis	nichts
aus-	des	las (lesen)	niemals
besonders	deshalb	liest	nirgends
am besten	Erlebnis	los	raus
bis	etwas	meist	uns
bist	fast (beinahe)	meistens	Zeugnis
Bus	fest	die meisten	

1 Übe jeweils immer nur mit den Wörtern einer Schreibweise. Schau dir z.B. die Wörter an, verdecke sie dann und schreibe sie auf oder lass dir die Wörter diktieren.

2 Schreibe schwierige Wörter mit Trennungszeichen auf, z. B. *auf-pas-sen*.

3 Bilde zu den Nomen jeweils die Einzahl *(Busse – Bus)* oder die Mehrzahl *(Klasse – Klassen)*.

4 Schreibe die Verben in der Grundform mit Vorsilben auf, z. B. *essen – aufessen.*

Überprüfe dein Können. Schreibe die folgenden Texte nach Diktat.

Die Wüste Sahara

Die meisten Besucher sind überwältigt von dem Erlebnis unermesslicher Einsamkeit, das die Sahara dem Menschen vermittelt. Sie ist die größte Wüste der Welt, erstreckt sich über ganz Nordafrika und umfasst acht Millionen Quadratkilometer. Das Geheimnis der Wüste zu lösen, bemühen sich die Menschen schon sehr lange. Die meisten glauben auch heute noch, dass die Wüste fast nur aus Sand besteht. Dies ist jedoch ein großer Irrtum, denn die Sahara ist eine überwiegend steinerne, winddurchbrauste Einöde. Nur etwas mehr als 20 Prozent der Fläche bestehen aus reinem Sand. Nirgends gibt es riesigere Temperaturschwankungen. Die Temperaturen bewegen sich zwischen 20 Grad unter Null nachts und 58 Grad tagsüber. Die Austrocknung der Sahara soll nach Ansicht der Wissenschaftler bereits vor rund 20000 Jahren begonnen haben. Bis dahin sei sie die Heimat von Elefanten und Flusspferden gewesen.

Mit dem Fahrrad unterwegs

Natürlich besitzt heute fast jeder ein Fahrrad. Viele Klassen waren schon an Wandertagen mit den Drahteseln unterwegs und hatten viel Spaß dabei. Anschließend konnten sicher auch einige Schüler und Schülerinnen von besonderen Erlebnissen erzählen. Nicht immer ist jedoch die Freude am eigenen Fahrrad ungetrübt, weil jedes Jahr tausende Räder gestohlen werden. Im Falle eines Diebstahls muss man oft den eigenen Drahtesel beschreiben. Dabei hilft regelmäßig ein Fahrradpass, in dem wichtige Merkmale erfasst werden.

Immer öfter sieht man heute auf unseren Straßen Räder mit einer seltsamen Bauweise. Diese sind besonders niedrig konstruiert, so dass die Fahrer oder Fahrerinnen – nach hinten geneigt – halb auf ihren Rädern liegen. Einige dieser rasanten Fahrzeuge sind auch vorne oder an den Seiten mit Kunststoff verkleidet. Beim Fahren ist allerdings ein gewisses Training notwendig, um solche Liegeräder im Straßenverkehr beherrschen zu können. Ihre Vorteile können sich aber sehen lassen. Durch die niedrige Bauweise ist der Luftwiderstand besonders niedrig und auch die Muskelkraft der Beine kann sehr effektiv genutzt werden.

Dass Fahrräder sogar fliegen können, bewies ein Amerikaner im Jahre 1977. Er raste mit seinem geflügelten Fahrrad über eine Piste in Kalifornien und erhob sich zu einem Flug von insgesamt sieben Minuten Dauer in die Lüfte.

3. Konsonantenverdopplung (Kürzung)

Die Bezeichnung kurzer Vokale in der Schrift

Der kurze Vokal im Stamm eines Wortes wird bezeichnet durch:

Konsonantenverdopplung

- bb (Ebbe)
- dd (Paddel)
- ff (Koffer)
- gg (Bagger)
- kk (Mokka)
- ll (Schnalle)
- mm (Sommer)
- nn (Sonne)
- pp (Puppe)
- rr (Karren)
- ss (Wasser)
- tt (Mutter)
- zz (Pizza)

zwei oder mehrere verschiedene Konsonanten

- rt Karte
- nt Kante
- rk merken
- lf helfen
- rd werden
- nz tanzen
- pf hüpfen
- rbst Herbst

Zum Rechtschreibfall „Kürzung“ gehören auch:
- tz (Katze)
- ck (packen)

Hinweise

Aus der Darstellung (S. 52) geht hervor, dass die Verdopplung des Konsonanten durch die Kürze des vorausgehenden Vokals oder Umlautes bewirkt wird. In kurz gesprochenen Wortstämmen wird also die Kürze des Stammvokals durch die Verdopplung des nachfolgenden Konsonanten angezeigt:

Kẹtte *Fạ̈sser* *Stọff* *Zịmmer*

Anstelle der doppelten Konsonanten können aber auch zwei oder mehrere verschiedene Konsonanten als Zeichen der Kürze stehen.

Kạrte *Wịnter* *Hẹft* *Fọrst*

Man spricht hier von **Mehrfachkonsonanz.** Die Konsonantenverdopplung kann man als Sonderfall der Mehrfachkonsonanzregel ansehen. Die Bezeichnung der Konsonantenverdopplung als „Schärfung" ist heute überholt, da sich die Aussprache des Konsonanten durchaus nicht „verschärft", wenn dieser nach einem kurzen Vokal steht. Das *l* in dem gesprochenen Wort *Keller* klingt nicht anders als das *l* in *Fehler*.

Anstelle von „Schärfung" verwendet man heute vielfach den Begriff **„Kürzung"**. Zum Rechtschreibfall der Kürzung gehören auch die *ck*- und *tz*-Schreibungen. Beide Schreibweisen stehen in einem Wort nur nach kurzem Vokal oder Umlaut. Das *tz* gilt als Verdopplung des *z, ck* als Verdopplung des *k*

Eine Ausnahme von der Kürzungsregel macht eine Reihe von Kurzwörtern, wie *an, ab, ob, von, vom, zum, im, bin, mit, hin.* Man hat diese Schreibweise der kurzen Wörter als „Sparschreibung" bezeichnet.

Durch die Rechtschreibreform wurde bei einigen Wörtern zusätzlich die Schreibweise mit Doppelkonsonant bzw. mit *tz* oder *ck* eingeführt, weil verwandte Wörter auch so geschrieben werden:
nummerieren (wegen *Nummer*),
Tipp (wegen *tippen*),
Stopp (wegen *stoppen*),
Tollpatsch (wegen *toll*),
Karamell (wegen *Karamelle*),
platzieren (wegen *Platz*),
Stuckateur (wegen *Stuck*).

R 1
Nach kurzem, betontem Vokal wird der folgende Konsonant meist verdoppelt.

Butter, Lappen, Halle, Schiffe, Schwimmer, Bisse

R 1 Durch die Verdopplung des Folgekonsonanten wird in der deutschen Rechtschreibung die Kürze des vorhergehenden Vokals gekennzeichnet.

Man nennt diese Regel deshalb auch Kürzungsregel.

kurz gesprochen	kurz gesprochen
↓	↓
K**e**ll er	h**e**mm en
↑	↑
Verdopplung	Verdopplung

Die Kürzungsregel kann aber nur richtig angewandt werden, wenn die Kürze des Vokals in dem gesprochenen Wort erkannt wird.

Eine Ausnahme machen die „Kurzwörter“, die in R 3 (S. 56) beschrieben sind.

Die Verdopplung des Konsonanten bleibt in abgeleiteten Wörtern und vor Wortbildungssilben immer erhalten.

*ho**ff**en*	*– er ho**ff**t*	*ko**mm**en*	*– du ko**mm**st*
*scha**ff**en*	*– Scha**ff**ner*	*he**mm**en*	*– He**mm**nis*

Präge dir ein:
Kurzer, betonter Vokal bewirkt (fast immer) Verdopplung des Folgekonsonanten!

1 Setze mit Hilfe der Doppelkonsonanten möglichst viele Wörter zusammen und schreibe sie in dein Heft.

Ri___e	tt ll rr	Gri___e
scha___en	pp ff nn	schna___en
Hü___e		Pa___e

2 Sprich die langen Vokale in den Wörtern kurz aus. Schreibe die neuen Wörter in dein Heft.

die Hüte	–	die	Hütte	die Kehle	–	die	______
fühlen	–		______	das Beet	–	das	______
das Heer	–	der	______	schief	–	das	______
der Stahl	–	der	______	wir	–		______
die Wahl	–	der	______	Miete	–	die	______
der Schal	–	der	______	er kam	–	der	______

3 Suche zu jedem Verb ein abgeleitetes Nomen. Schreibe die neuen Wörter in dein Heft.

hoffen	Hoffnung	stimmen	______
irren	______	betteln	______
sammeln	______	prellen	______
vermitteln	______	kennen	______
verdoppeln	______	stellen	______
zerren	______	fassen	______

4 In diesem Buchstabenkasten sind mindestens 18 Wörter mit Doppelkonsonanten versteckt. Lies senkrecht und waagerecht. Achte auf die Groß- und Kleinschreibung der Wörter. Schreibe die Wörter in dein Heft.

T	F	Ä	L	L	I	G	X	G
R	Ü	Z	F	U	N	A	R	R
E	L	L	E	V	N	L	Y	O
F	L	W	L	Z	E	L	Z	T
F	E	L	L	F	N	E	T	T
E	N	Z	E	E	A	L	L	E
N	Y	X	W	T	O	L	L	X
X	B	E	S	T	I	M	M	T

R 2 Folgen dem kurz gesprochenen Vokal verschiedene Konsonanten, so wird der Folgekonsonant nicht verdoppelt.	Falte, melden, Hand, wirken, Heft, Hals
R 3 In häufig auftretenden „Kurzwörtern" wird nach kurzem Vokal nur ein Konsonant geschrieben.	an, am, im, in, um, von, vom, darin, darum
R 4 Auch die Wörter mit der Endung *-in* und *-nis* richten sich in der Einzahlform nicht nach der Kürzungsregel. In der Mehrzahlform wird dagegen verdoppelt.	Freundin, Freundinnen, Zeugnis, Zeugnisse

R 2 Die Kürze des vorhergehenden Vokals wird in diesen Wörtern durch zwei verschiedene Konsonanten angezeigt, während bei der Konsonantenverdopplung zwei gleiche Konsonanten die Kürze anzeigen. Die Kürzungsregel findet also Anwendung auf beide Fälle.

*Ka**nn**e* – *Ka**nt**e*   *Fa**ll**e* – *Fa**lt**e*

R 3 Bei der Schreibung der Wörter ***am, an, im, in, bin, darin, darum, warum, man, hat, vom, von,*** die von der Kürzungsregel abweichen, hat man von einer „Sparschreibung" gesprochen. In diesen häufig vorkommenden Wörtern wird gleichsam die Schreibung eines weiteren Konsonanten eingespart.

1 Ersetze in den Wörtern mit Doppelkonsonanten jeweils den zweiten Konsonanten durch einen anderen. Schreibe die Wörter in dein Heft.

Kanne	Karren	Ballon	Kinn	Tasse
Kante				
Wolle	Rinne	Zinn	Falle	Halle

2 Dies sind Wörter, die mit einfachem Konsonanten geschrieben werden. Bei ihrer Schreibung werden aber viele Fehler gemacht, indem die Konsonanten verdoppelt werden.

f	m	r	l	n	t
greift	bekam	voran	also	band	hat
oft	kam	voraus	bald	bin	mit
öfter	käme	vorige	holt	daran	Mitleid
Schrift	kamen	vorüber	halten	darin	Mitschüler
traf	komisch		hält	Freundin	trat
	nahm		holten	getan	traten
			holte	man	treten
				Schülerin	

a) Präge dir die Wörter gut ein.
b) Schreibe die Wörter, die du noch nicht gut beherrschst, in einem kleinen Satz auf.

3 Ergänze jeweils die Endungen *-nis* und *-in* in der Einzahl und der Mehrzahl der Nomen. Schreibe die Wörter in dein Heft.

erleben		Freund	
Erlebnis	Erlebnisse	Freundin	Freundinnen
wagen		**Schüler**	
?	?	?	?
verhalten		**Lehrer**	
?	?	?	?
erkennen		**König**	
?	?	?	?

R 5 Nach kurzem Vokal wird der *k*-Laut mit *ck* geschrieben.	necken, Ecke, meckern, Flecken
R 6 Nach langem Vokal oder nach *l, m, n, r* wird niemals *ck* geschrieben. Auch in Fremdwörtern steht meist einfaches *k*.	Falke, Imker, sinken, merken, Makel, Haken, Paket, Sekunde

R 5 Auch die ***ck***-Schreibung kann man als Ergebnis der Kürzungsregel auffassen. Statt Doppel-*k* wird hier nach kurzem Vokal ***ck*** geschrieben.

Bei der Silbentrennung wird *ck* in die neue Zeile geschrieben: *necken – ne-cken, meckern – me-ckern.*

R 6 Eine wichtige Hilfe für die richtige Schreibung des *k*-Lautes ist die Beachtung des vorhergehenden Konsonanten, da nach ***l, m, n, r*** niemals ein *ck* stehen kann.

In Fremdwörtern wird der *k*-Laut meist durch einfaches *k* wiedergegeben:

*Di**k**tat, Do**k**tor, Re**k**tor, Pa**k**et, abstra**k**t, Scho**k**olade, Se**k**unde, Ra**k**ete, Musi**k**, Fabri**k**.*

In einigen Fremdwörtern wird allerdings nach kurzem Vokal auch ***kk*** geschrieben:

*Sa**kk**o, Mo**kk**a, Ma**kk**aroni.*

1 Baue mit Hilfe der Wortteile möglichst viele Wörter mit *ck* oder *k* auf.

ver an ab ein	d st dr	(e) (u)	**ck**	end en t

k / K p / P m/ M w / W	a e i o	(l) (n) (r)	**k**	en er lich

2 Suche zu jedem Verb ein abgeleitetes Nomen (Namenwort, Substantiv). Schreibe die gefundenen Wörter in dein Heft.

packen	______	locken	______
schmecken	______	hocken	______
backen	______	drucken	______
wecken	______	rücken	______
strecken	______	blicken	______

3 Entscheide in den Lückenwörtern über die Schreibweise des *k*-Lautes.

Die Kinder spielen Verste_____. Im alten Ritterschloss soll es spu_____en. Er erzählte mir davon beim Frühstü_____. Beim Mittagessen kaute mein Bruder mit vollen Ba_____en. Mein Anora_____ hängt am Garderobeha_____en. Wir bestellten erfrischende Geträn_____e. Bei der Wanderung trug er einen Rucksa_____ auf dem Rü_____en. Die Autofahrer hatten bei dem Unfall Glü_____ im Unglü_____. Wir par_____ten unsere Sporträder am Waldrand. Die Mü_____e ist oft ein lästiges Inse_____t. Heute Morgen musste mich meine Mutter zweimal we_____en. Der Bus hielt lange an der Bahnschran_____e.

4 Rätsel

Schreibe die Lösungswörter in dein Heft. ä = ein Buchstabe

kleines Paket

Damit fängt man Mäuse.

Er macht das Brot.

Damit schließt man einen Topf.

Wenn man kleckert, entsteht das.

Viele Vögel brüten darin.

P							
S							
B							
D							
F	**l**						
H	**e**						

R 7
Nach kurzem Vokal wird statt doppeltem *z* ein *tz* geschrieben. Ausnahme: einige Fremdwörter!

Katze, sitzen,
plötzlich,
Pizza, Skizze, Razzia

R 8
Nach Doppellauten wie *ei, au* und *eu* und nach *l, n, r* steht immer *z,* niemals ein *tz.*

Heizung, Kreuz,
Kauz, Herz, Salz,
Tanz

R 7 Wie die *ck*-Schreibung lässt sich auch die *tz*-Schreibung der Kürzungsregel zuordnen. Statt doppeltem *z* wird hier – außer in einigen Fremdwörtern – *tz* geschrieben.

Bei der Silbentrennung wird zwischen *t* und *z* getrennt:
sitzen – sit-zen,
schützen – schüt-zen.

R 8 Wie bei der Schreibweise des *k*-Lautes besteht auch hier eine wichtige Hilfe darin, dass nach *l, n, r* niemals *tz* geschrieben wird.

Als weitere Hilfe kommt hinzu, dass auch nach *ei, eu, au,* die als Längen gelten, kein *tz* stehen kann:
reizen, Kreuzung, Schnauze.

Auch einige Fremdwörter haben nur *z*:
spazieren, Prozent.

Nach ***l, m, n, r,*** das merke ja, steht nie *tz* und nie *ck*!

1 Bilde mit Hilfe der Wortteile möglichst viele Wörter. Ordne sie nach Wörtern mit *tz*-Schreibung und mit *z*-Schreibung.

H	n	ei	z	ung
Kr	W	eu	tz	e
M	sch	ö		en
Pf	st	ü		lich
pl				

2 Setze Wörter aus beiden Kreisen zusammen. Schreibe sie auf.

Faden
Drei Augen
Katastrophen Wasser
Bären Bau Haus
Mai Bier

+

Schutz
Satz Filz Tatze
Kreuz Pfütze Arzt
Tanz Putz
Holz

3 Löse das Silbenrätsel. Schreibe die gefundenen Wörter auf.

baum – berg – ge – lich – müt – plötz – pur – schmat – schmut – schnit – spit – wei – win – wür – ze – ze – ze – zel – zel – zen – zen – zig – zig

1. Kopfbedeckung
2. Speisezutaten
3. nicht sauber
4. geräuschvoll essen
5. unvorhergesehen
6. Turnübung kleiner Kinder
7. Getreidesorte
8. höchste Stelle eines Berges
9. Fleischspeise
10. sehr klein

?

R 9
Treffen in zusammengesetzten Wörtern drei gleiche Konsonanten zusammen, so stehen alle drei Konsonantenbuchstaben.

Schifffahrt, Stofffülle, Betttuch, Pappplakat, fetttriefend, Balletttruppe

R 9 Um das Zusammentreffen der drei Konsonanten zu vermeiden, können diese Wörter auch mit Bindestrich geschrieben werden:

Schiff-Fahrt, Papp-Plakat, Fluss-Sand, Stoff-Fetzen.

Häufig auftretende Ausnahmen:

dennoch, Mittag.

Wörter mit Doppelkonsonanten, die oft falsch geschrieben werden

ff
gegriffen
geschafft
getroffen
hoffentlich
Kartoffeln
Löffel
offen
öffnete
schaffen
Schiff
Stoff
treffen
trifft

ll
alle
allein
allerdings
alles
auffallen
Ball
bälle
bellen
bellt
billig
Brille
falls
fallen
fällst
fällt
gebellt
gefallen
gewollt
hell
hinfallen
schnell
sollen
soll
sollst
sollte
stellen
stellst
stellt
stellte
still
Teller
Unfall
voll
wollen
willst
wollte
(vielleicht)

mm
ankommen
bekommen
bestimmt
brummt
dumm
dümmer
gekommen
genommen
geschwommen
Himmel
immer
Kamm
kämmen
kommen
komm
kommst
nimmt
sammeln
schlimm
schwimmen
Sommer
Stimme
stimmt
Zimmer
zusammen

nn
Antenne
beginnen
beginnt
begann
brennen
brannte
dann
denn
Donnerstag
drinnen
dünn
erinnern
Freundinnen
gebrannt
gekannt
gerannt
gespannt
gewinnen
gewinnt
gewonnen
innen
kennen
kannte
können
kann
kannst
konnte
könnte
Mann
Männer
Mannschaft
nennen
rennen
rennt
rannte
Schülerinnen
Sinn
Sonne
Sonntag
spannend
wann
wenn

pp
Puppe
Suppe
Treppe

rr
geirrt
herrlich
(Fahrrad
Unterricht
verraten
verreisen
verrückt)

tt
anstatt
Bett
Betten
bitten
bitter
Blatt
Blätter
fett
geklettert
gerettet
geritten
geschnitten
gestritten
glatt
hatte
hätte
kaputt
klettern
kletterte
Mittag
mittags
mitten
Mittwoch
Mutter
nett
retten
ritt
satt
tritt
Wetter
Zettel

Für deine Übung an einem Tag solltest du jeweils nur einzelne Schreibweisen auswählen, z.B. *ll* und *mm*.

1 In den obenstehenden Wörterlisten wird es Wörter geben, die du sicher beherrschst. Kreuze sie an. Die Wörter, bei deren Schreibung du unsicher bist, solltest du aufschreiben.

2 Suche zu einigen herausgeschriebenen Wörtern mehrere Wörter, die zur Wortfamilie gehören: *geschafft – schaffen, Schaffner, erschaffen.*

3 Schreibe zu den Adjektiven – wenn möglich – die Steigerungsformen auf: *billig – billiger – am billigsten.*

4 Verwende die schwierigsten Wörter in kurzen Sätzen.

Überprüfe dein Können. Schreibe die folgenden Texte nach Diktat.

Eine kurze Nacht

Nach einem Arbeitstag voller Überraschungen ließ ich mich abends erschöpft ins Bett fallen und schlief auch rasch ein. Um Mitternacht rissen mich jedoch seltsame Geräusche aus einem spannenden Traum. Sie hörten sich an, als würde Papier zerrissen oder zerkratzt. Als ich mich vorsichtig der Stelle, von der die Geräusche kamen, näherte, huschte plötzlich etwas Unbekanntes davon. Da ich trotz angespannter Aufmerksamkeit nichts mehr hören konnte, legte ich mich wieder schlafen. Doch bald schreckte ich erneut aus meinem Schlummer auf. Diesmal glaubte ich ein eifriges Knabbern in einer Ecke meines Zimmers zu hören. Als ich das Licht anknipste, sah ich den kleinen Störenfried. Eine Maus saß in der Zimmerecke; dort hatte sie einige Blätter, die ich auf dem Boden verstreut hatte, angefressen. An Schlaf war nun nicht mehr zu denken. Ich rückte meinen Schreibtisch und ein Schränkchen von der Wand ab und hoffte die Maus zu ertappen. Doch die Möbel wurden von mir umsonst verrückt, denn die Maus war längst verschwunden. Am nächsten Tag kaufte ich – zu allem entschlossen – eine Mausefalle.

Mittagshitze

Schon seit zwei Wochen scheint die Sonne tagsüber vom wolkenlosen Himmel. Eine drückende Hitze lastet über der fast menschenleeren Innenstadt. Wer kann, hält Fenster und Türen geschlossen um sich vor der flimmernden Mittagshitze zu schützen. Die Autos, sonst äußerst nützliche Fahrzeuge, entwickeln sich zu Brutöfen. An ihren Metallteilen verbrennt man sich die Hände. Dunst steigt von der erhitzten Straßendecke auf und verbreitet zusätzlich einen stickigen Geruch. Menschen und Tiere leiden entsetzlich unter dem heißen Wetter und hoffen auf baldige Änderung. Doch bis dahin müssen sie sich im Schatten der Bäume und Häuser vor der Sonne verstecken und auf die Abenddämmerung warten. Dann herrscht reges Leben. Die Menschen verlassen die Häuser und versuchen all das nachzuholen, was sie in den Nachmittagsstunden verpasst haben. Man trifft sich mit Bekannten und sitzt oft in Gärten und Gaststätten bis in die tiefe Nacht hinein.

4. Schwierige Konsonantenschreibungen

In diesem Kapitel wird eine Reihe von schwierigen Schreibweisen zusammengefasst, die in erster Linie Konsonanten (Mitlaute) am Wortanfang oder Wortende sowie in Vor- und Nachsilben betreffen:

- die Wortenden auf *b, d, g: Korb, Wald, Zweig,*
- *ent-* oder *-end,*
- *tot* oder *tod-*,
- *seit* oder *seid,*
- die Nachsilben *-ig* und *-lich*,
- die Schreibweisen des *f*-Lautes: *Freiheit, davor, Phantasie,*
- die Schreibweisen des *x*-Lautes: *boxen, sechs, Keks, Klecks,*
- Wörter mit *qu/Qu: überqueren, Quelle, Qualität.*

In eigenen Kapiteln sind dagegen die „schwierigen" Konsonantenschreibungen der „*s*-Laute" (S. 38 ff.) und der „Konsonantenverdopplung (Kürzung)" (S. 52 ff.) behandelt.

R 1
Am Ende eines Wortes werden die Konsonanten *b, d, g* wie *p, t, k* gesprochen, aber mit *b, d, g* geschrieben.

Korb,
Wald,
reizend,
Tag

R 1 Nach der Regel der Auslautverhärtung werden Konsonanten am Wortende stimmlos gesprochen. In verlängerten Formen dieser Wörter *(Kör**be**, Wäl**d**er, Ta**g**e)* sind die stimmhaften (weichen) Konsonanten ***b, d*** und ***g*** dagegen deutlich hörbar. Die Verhärtung tritt auch vor stimmlosen Konsonanten ein:

Herbst, lädst, magst.

Wenn man sich beim Schreiben von Konsonanten am Ende eines Wortes unsicher ist, sollte eine Verlängerungsprobe durchgeführt werden.
Ist in der verlängerten Form des Wortes ein *b, d* oder *g* zu hören, so wird auch die Kurzform mit *b, d* oder *g* geschrieben.

*ge**b**en*	→ *ga**b***
*Klei**d**er*	→ *Klei**d***
*We**g**e*	→ *We**g***
*scherzen**d**e*	→ *scherzen**d***

1 Verlängere die folgenden Wörter. Überprüfe so, ob sie mit *d* am Ende geschrieben werden. Achtung: Drei Wörter werden mit *t* geschrieben!

Ban___, blin___, Win___, bun___, run___, gesun___, Fel___, Zel___, Lei___, Ran___, San___, Freun___, leuchten___, Fahrra___, Ta___, Bran___, geschwin___, Vorwan___, Abstan___, Lösegel___, Maisfel___, Samtklei__

2 Entscheide über die Schreibung der Wörter, indem du zu jeder Verbform in der 3. Person die (verlängerte) Grundform bildest.
Schreibe die gebeugten Formen und die Grundformen in dein Heft.

b oder p ?

sie lie___t	–	lieben
sie gi___t	–	
sie pum___t	–	
sie kle___t	–	
sie blei___t	–	
sie trei___t	–	
sie he___t	–	

g oder k ?

er pfle___t	–	pflegen
er krie___t	–	
er schwei___t	–	
er trin___t	–	
er flie___t	–	
er lü___t	–	
er sprin___t	–	

3 Bilde zu den folgenden Verben in der Grundform die 2. Person Präsens und ein Nomen. Schreibe die Wörter in dein Heft.

	2. Pers. Präsens	Nomen
siegen	du siegst	der Sieg
geben		
biegen		
liegen		
klagen		
fliegen		
heben		
schweben		

R 2 Die Vorsilbe *ent-* wird immer mit *t* geschrieben.	entlang, entkommen, Entscheidung
R 3 Wörter, die von dem Wortstamm *end* abgeleitet oder mit ihm zusammengesetzt sind, werden mit *d* geschrieben.	endlich, beenden, Endung, Endspiel, Wochenende

R 2 Zur Unterscheidung der Vorsilbe ***ent-*** von dem Wortstamm ***end*** ist es wichtig, die Bedeutung zu beachten.

ent hat häufig die Bedeutung „ab/weg/aus/heraus“:
entkommen, ***ent***decken, ***ent***führen.
Die Vorsilbe *ent* bleibt in den Wörtern unbetont (außer in: *entweder/oder*).

R 3 Der Wortstamm ***end*** ist von ***Ende*** abgeleitet.
Der Wortstamm ***end*** ist immer betont:
*be**end**en, **End**laut.*

Wenn du unsicher bist, ob *end* oder *ent* geschrieben wird, so sprich das Wort gut betont aus.
entsetzlich, aber: *endlich*
Entscheidung, aber: *endgültig*

1 Setze die folgenden Verben mit der Vorsilbe ent- zusammen und ergänze ein Nomen mit der Endung *-ung*. Schreibe die Wörter in dein Heft.

decken	entdecken	er entdeckt	Entdeckung
hüllen			
(be)schuldigen			
scheiden			
führen			
spannen			
lasten			
eignen			

2 Baue mit Hilfe des Wortstammes *end* neue Wörter auf, indem du die angegebenen Wortbestandteile kombinierst. Die Bestandteile müssen nicht immer aus allen Rahmen entnommen werden; die Wörter können auch mit großem Buchstaben beginnen: *Endung.*

be un ver	+	end	+	e en ig lich ung	+	keit en

3 Setze die folgenden Wörter mit dem Wortstamm *end* zusammen.

Ziel, Spiel, Spurt, Runde, gültig, los, Kampf, Ergebnis, Geschwindigkeit, Silbe, Verbraucher, Reim, Lauf, Summe

4 Welche Ergänzung ist richtig? Sprich im Zweifelsfall das Wort deutlich betont aus! Manche Wörter werden großgeschrieben!

ENT	-setzlich	-wurf	-los	-runde	-sagen
? oder	-gültig	-lassung	-lauf	-gehen	-spannung
END	-scheidung	-deckung	-lang	-silbe	-reißen

Regel	Beispiele
R 4 In der Schreibung unterscheidet man das Adjektiv *tot* bzw. das Verb *töten* und das Nomen *Tod.*	tot, töten, totlachen, Todesgefahr, todernst, todkrank
R 5 In der Schreibung unterscheidet man die Präposition (Verhältniswort) und die Konjunktion (Bindewort) *seit* von der Verbform (ihr) *seid.*	seither, seit heute, ..., seit ich dich gerufen habe. Seid willkommen!
R 6 In wenigen Wörtern wird ein *d* mit einem *t* kombiniert.	Stadt, Verwandter, beredt, gesandt, sandte, er lädt ein.

R 4 Für die Unterscheidung der beiden Schreibweisen in zusammengesetzten Wörtern gibt es Hilfen.

Als Faustregel kann man sich merken, dass Zusammensetzungen mit Verben die Schreibweise ***tot*** enthalten: ***tot**schießen,* ***tot**fahren,* ***tot**lachen,* ***tot**arbeiten,* ***tot**ärgern.*

Zusammensetzungen mit Adjektiven haben meist die Schreibweise ***tod:*** ***tod**krank,* ***tod**müde,* ***tod**ernst,* aber: ***tot**enblass,* ***tot**enbleich.*

R 5 Zur sicheren Unterscheidung der beiden Schreibweisen führt nur die Unterscheidung der Wortarten.

seid ist eine gebeugte Verbform von ***sein:***
*Ihr **seid** zu spät gekommen.*

seit kann sowohl Präposition (Verhältniswort) *(**seit** seiner Rückkehr)* als auch eine Konjunktion (Bindewort) sein, die zwei Teilsätze miteinander verbindet. *(Ich beobachte ihn, **seit** er angekommen ist.)*

1 Setze die Wortstämme mit den davor stehenden und nachfolgenden Wörtern zusammen und schreibe die gebildeten Wörter auf.

KRANK MÜDE ERNST	TOD(ES)	TAG ANZEIGE GEFAHR
LACHEN FAHREN ARBEITEN	TOT(EN)	BLEICH STILLE SCHLAG

2 Setze in die Lücken die passenden Wörter ein. Schreibe die Lückenwörter in dein Heft.

Heute finden in unserem Land die Menschen nicht mehr durch Krieg oder Hungersnot den __________, wohl aber werden täglich viele Bürger im Straßenverkehr ge__________. Die Zahl der Verkehrs__________ im Jahr übersteigt die Einwohnerzahl einer Kleinstadt. Nur selten hat bei den __________lichen Unfällen die Technik Schuld, meistens ist menschliches Versagen die Unfallursache. Schnee und Eis lassen im Winter die Zahl der __________ und Schwerverletzten immer wieder ansteigen. Viele der Opfer auf unseren Straßen könnten vor dem __________ bewahrt werden, wenn sofort ärztliche Hilfe zur Stelle wäre.

3 Bilde zu „ihr seid" die richtigen Verbformen der in Klammern stehenden Verben, schreibe sie auf. Schreibe auch die Wortgruppen mit der Präposition (Verhältniswort) seit auf.

ihr **seid** {
(ankommen)
(ausgehen)
(bleiben)
(ertappen)
(ermüden)

seit {
seinem Unfall
dem letzten Urlaub
unserem Streit
deiner Einschulung
ihrem Geburtstag

4 Bilde Wörter mit den Stämmen „stadt" und „wandt", schreibe sie auf.

Innen	Vor	Klein
Welt	stadt	Alt
Industrie	Vater	Kreis

ver	ge	unge
	wandt	
abge	redege	ange

R 7
Die Nachsilben *-ig* und *-lich* werden am Ende gleich gesprochen (beide mit *ch*), aber unterschiedlich geschrieben.

zufällig,
freiwillig,
neblig,
täglich,
heimlich,
herrlich

R 7 In der deutschen Hochsprache wird das *g* in der Endsilbe ***-ig*** wie *ch* gesprochen: *Kön**ig**, winz**ig**, einmal**ig**.*

Um zur richtigen Schreibweise zu kommen ist oft eine Verlängerungsprobe hilfreich.
*täg**lich*** → *täg**lich**e*   *ei**lig*** → *ei**lig**e*

Wenn man die Wörter trennt, so bleibt ***-lich*** als Trennungssilbe erhalten: *er-heb-**lich**,* aber *win-zig.*

Bei einigen Wörtern können sowohl ***-ig*** als auch ***-lich*** als Nachsilbe stehen.

die *dreitäg**ig**e* Klassenfahrt – das *täg**lich**e* Brot
die *dreistünd**ig**e* Arbeit – Der Zug verkehrt *stünd**lich***
die *dreijähr**ig**e* Ausbildung – die *halbjähr**lich**e* Zahlung

1 Setze die Wortbestandteile zusammen und schreibe die Wörter auf.

absicht allmäh angeb äußer	lich	glück kind lächer männ	lich	bill durst fert fleiß	ig
freund fried fröh fürchter	lich	öffent persön plötz pünkt	lich	häuf kant lust ruh	ig

2 Bilde mit Hilfe der Nachsilben *-ig* oder *-lich* aus den Nomen Adjektive, schreibe sie auf: abfällig.

Abfall, Polizei, Abenteuer, Nebel, Ekel, Mann, Schwindel, Ende, Langeweile, Angst, Haar, Sport, Raum, Holz, Nacht, Wort, Zufall, Absicht, Last, Jugend, Amt, Spaß, Trauer, Eifer, Gast, Fels, Arzt, Leichtsinn, Gesetz, Riss, Biss

3 Entscheide über die Schreibweise der Lückenwörter (Nachsilbe *-lich* oder *-ig*?). Schreibe dann den Text in dein Heft.

Wir haben eine abenteuerli____ Wanderung hinter uns. Zunächst hatte es hefti____ geregnet. Niemand wollte bei dem unfreundli____ Wetter das Haus verlassen. Uns wurde es schon bald sehr langweili____. Am Nachmittag aber kam tatsächli____ die Sonne. Alle waren glückli____ über die Änderung. Schließli____ wanderten wir los und schritten in den beiden ersten Stunden wacker aus. Aber wir ermüdeten ziemli____ schnell. Plötzli____ hatten wir auch unseren Pfad verloren und waren wirkli____ ratlos. Bald wurde das Gelände sehr steini____ und gefährli____. Wir erreichten aber vor Einbruch der Nacht rechtzeiti____ unsere Herberge. Hoffentli____ wird es morgen weniger anstrengend! Dann können wir endli____ einmal richti____ ausspannen und uns von den Mühen der letzten Tage erholen.

4 Hier stimmt etwas nicht! Schreibe die Wörter mit den richtigen Endungen auf.

ein sonnlicher Tag	ein plötzliger Regen	ein pünktiger Anfang
eine gemütige Pause	eine rechtzeitliche Warnung	ein fröhiges Fest

R 8
Der *f*-Laut wird in der Schreibung durch *f, v* oder in Fremdwörtern auch durch *ph* wiedergegeben.

fein, Gefühl,
fallen,
Vater, Vogel,
davor,
Phantasie, Physik

R 8 Für die Schreibung mit *f, v* und *ph* gibt es einige Hilfen.

Vor allem sollte man sich die häufig vorkommenden Vorsilben ***ver-*** und ***vor-*** gut einprägen:
ver*zehren,* ***vor****sehen,* ***Vor****teil,* ***ver****lassen.*

ph tritt nur in Fremdwörtern auf:
*Katastro****ph****e,* ***Ph****ase,* *Pro****ph****et.*

Vgl. Kapitel Fremdwörter, S. 120.
V in Fremdwörtern wird meist als *w* gesprochen:
V*ase,* ***V****illa,* *Kla****v****ier,* ***v****age,* aber: *Pulver, Verse, brav.*

1 Bilde mit Hilfe der Wortanfänge Wörter, schreibe sie auf.

Fr: ieden, evel, osch, üchte, eizeit, echdachs, ankreich, agen, echheit, eiheit, emdwort, äulein, eitag, eude

Fl: üsse, asche, ecken, ocken, eisch, ießband, ossen, ugzeug, anke, ucht, utlicht, iege, eiß, üchtling

2 Baue aus den Wortbausteinen möglichst viele Wörter auf. Achte auf die Groß- und Kleinschreibung.

ENT, VOR, VIEL, AUF, EIN — FALL, FÄLT — IG, EN

ENT, ER, VOR, AN — FAHR, FÜHR — EN, UNG

3 Bilde neue Wörter mit den angegebenen Vorsilben bzw. Wörtern. Ordne diese dann nach den Wortarten Nomen, Verben und Adjektive.

VER VOR VOLL VIEL	TEIL BINDEN SAMMELN LAUFEN ZUG KAUF FALL WERTIG STAND ZIEHEN ECK FACH STÄNDIG SORGEN RAT

Nomen	Verben	Adjektive
Vorteil	*verbinden*	*vollwertig*

4 Zwei Wörter mit v sind über diesen Buchstaben miteinander verbunden. Schreibe sie getrennt auf. Achte auf die Groß- und Kleinschreibung.

massivulkan	bravogelart	negativentil
Adjektiverkehr	objektivase	Sehnervieh
Detektivorsicht	explosivorteil	aktivorrat

R 9
Der *x*-Laut wird in der Schreibung meist durch *x* oder *chs,* selten durch *ks* oder *cks* wiedergegeben.

boxen, Nixe, Axt, sechs, Fuchs, Büchse, Keks, links, Klecks, Knicks

R 10
Nur wenige Wörter enthalten ein *qu.*

quer, Quelle, quitt, Quittung, Qualm

R 9 Es gibt sehr wenige Wörter, die den ***x*-**Laut enthalten. Bei diesen hilft nur die Einprägung; bei einigen sollte man auch auf die Herkunft achten, da diese Hinweise für die richtige Schreibweise gibt.

*lin**ks***	→	*Lin**k**e*
*Kni**cks***	→	*kni**ck**en*
*Par**ks***	→	*Par**k***

1 Setze die Wortbestandteile zusammen und schreibe die Wörter auf.

WA	FÜ	CHS	E
BÜ	ERWA		EN
DA	EIDE		EL
LU	DEI		
A	O E		

2 Suche die richtigen x-Wörter und schreibe die Lösungswörter auf.

Späße, Grimassen	F	A					
Märchenfigur							
Sportart	B						
Beförderungsmittel	T						
Werkzeug							
auf einen Berg klettern	K	R	A				
Wasserfee							
Nachschlagewerk	L						
Geschriebenes	T						

3 Schreibe zu jedem Wort mit *qu* ein verwandtes Wort in dein Heft.

quer: überqueren

Quelle: ________

Quirl: ________

quittieren: ________

quälen: ________

bequem: ________

quetschen: ________

Qualm: ________

einquartieren: ________

quadratisch: ________

4 Hier sind Buchstaben durcheinander geraten. Schreibe die richtigen Wörter auf.

l l Qu e e	i Qu z	d a Qu t r a	e qu r	i t qu t

Überprüfe dein Können. Schreibe die folgenden Texte nach Diktat

Zirkus

Auch in der heutigen Zeit übt der Zirkus auf viele Menschen eine magische Anziehung aus. Das Zelt ist noch nicht richtig aufgestellt, so springen schon Kinder herbei um beim Aufbau zuzuschauen. Auffällig ist auch das Interesse an den Raubtieren, die in großen Käfigen gehalten werden. Glücklich sind die Kinder, wenn sie Ziegen und andere Kleintiere streicheln dürfen. Am Nachmittag und Abend finden sich zahlreiche Menschen ein um die Vorstellungen zu sehen. Das Programm wird häufig von den Clowns eröffnet, die ihre Späße treiben. Mit verblüffendem Geschick wirbeln andere Künstler Ringe und Bälle durch die Luft. Zu den schwierigsten Übungen im Zirkus zählt das Halten des Gleichgewichts auf einem Stahlseil. Gefährlich und spannend ist auch die Arbeit mit den Raubtieren, die in einem Gitterkäfig vorgeführt werden. Angespannt und ruhig verfolgen die Zuschauer diese Arbeit; begeistert klatschen dann alle nach der gelungenen Vorführung. Auch Kunstreiter und Springer tragen zum Erfolg einer Vorstellung bei. Sie sind glücklich, wenn es ihnen gelingt, die Begeisterung der Zuschauer zu wecken.

Herbst

Im Herbst zeigen sich manche auffälligen Veränderungen in der Landschaft. Die Laubwälder erfreuen das Auge mit ihrer bunten Farbenpracht. Die Herbstblumen mit ihren leuchtenden Farben wollen darüber hinwegtäuschen, dass der Sommer zu Ende ist und der Winter bald folgen wird. Die Landwirte nutzen die letzten warmen Tage um die Ernte auf ihren Feldern einzubringen. Viele Vogelarten sammeln sich um gemeinsam in südlichere Gegenden zu fliegen. Nur wenige Vögel bleiben bei uns zurück und versuchen bei uns zu überwintern. Der häufig unerwartet aufkommende Wind bringt Bewegung in das herbstliche Bild. Fegt er doch überraschend den Leuten den Hut vom Kopf, stülpt Regenschirme um, fegt Laub von den Bäumen und wirbelt Staub und Schmutz auf. Oft wird er begleitet von heftigen Regenschauern, die dem Erdreich genügend Feuchtigkeit bringen, damit Bäume und Sträucher vom Frost des Winters nicht geschädigt werden.

5. Getrennt- und Zusammenschreibung

Für diesen Bereich der Rechtschreibung haben die Reformer festgelegt, dass die getrennte Schreibung der Wörter als Normalfall und die Zusammenschreibung als Sonderfall zu betrachten ist. Damit ist die Anzahl der getrennt zu schreibenden Wörter gegenüber früher größer geworden. Während man früher darauf zu achten hatte, ob bei einer Kombination von Wörtern ein neuer Begriff (übertragene Bedeutung) entstanden war, ist nach der Reform diese Unterscheidung in vielen Fällen nicht mehr wichtig: *sitzenbleiben* (im Sinne von „nicht versetzt werden") und *sitzen bleiben* (auf einer Bank *sitzen bleiben*) werden heute unterschiedslos so geschrieben: *sitzen bleiben*.
Die Reform hat auch zur Beseitigung von unterschiedlichen Schreibweisen geführt, deren Begründung nur schwer einsehbar war. So musste man z.B. *radfahren* zusammenschreiben, *Auto fahren* aber getrennt. Nach der Reform wird dagegen *Rad fahren* wie *Auto fahren* getrennt geschrieben.
Die neuen Regelungen haben aber nicht dazu geführt, dass die Zusammen- und Getrenntschreibung in allen Bereichen einfacher geworden ist. Besonders die Schreibweise der Wörter, in denen ein Adjektiv bzw. ein Partizip mit einem Verb verbunden sind, ist kompliziert geblieben. Wir schreiben nach der Reform *nahe stehen, klar sehen,* aber: *festmachen, bloßstellen;* wir schreiben *die eng anliegenden (Jeans), der viel versprechende (Film),* aber: *der festgesetzte (Preis), die tiefgefrorene (Pizza).* Der Griff zum Wörterbuch wird bei solchen Schreibweisen oft unvermeidlich sein.
Wie frühere Fehlerbeobachtungen gezeigt haben, werden von Schülern mehr Fehler dadurch gemacht, dass zusammengehörige Wörter getrennt geschrieben werden als umgekehrt: *weglaufen (weg_laufen), hiermit (hier_mit), heimkommen (heim_kommen).* Natürlich kommen auch in der Getrenntschreibung häufig Fehler vor, z. B. besonders in *garkein (gar kein), garnicht (gar nicht), aufeinmal (auf einmal), zuhause (zu Hause), nachhause (nach Hause).*

R 1
Wörter können mit Verben untrennbare Zusammensetzungen bilden; sie werden stets zusammengeschrieben.

wetteifern, schlussfolgern, hintergehen, maßregeln, langweilen, vollbringen, liebkosen, weissagen

R 2
Nomen und Adjektive können mit Verben trennbare Zusammensetzungen bilden; sie werden dann in bestimmten Formen zusammengeschrieben, in anderen getrennt.

heimbringen, preisgeben, teilnehmen, stattfinden, fernsehen, bloßstellen, schwarzarbeiten, hochrechnen, weismachen

R 1 Da hier untrennbare Zusammensetzungen vorliegen, werden diese Wörter in allen Wortformen zusammengeschrieben:

*Wunder können wir nicht **vollbringen.** – Er **vollbrachte** in der kurzen Zeit sehr viel.*

R 2 Zusammen schreibt man diese Wörter in der Infinitivform (z.B. *teilnehmen*), in den Partizipformen (z.B. *teilnehmend, teilgenommen*) und am Ende des Nebensatzes.

*Die Lehrerin ließ die Eltern am Unterricht **teilnehmen.*** (Infinitiv) – *Am Unterricht **teilnehmend*** (Partizip) *konnten die Eltern ihre Kinder beobachten. – Während sie am Unterricht **teilnahmen*** (Verb am Ende des Nebensatzes), *konnten die Eltern ihre Kinder beobachten.*
Aber: *Einige Eltern **nehmen** nicht am Unterricht **teil.***
*Mein Freund und ich **sehen** gemeinsam **fern.***

1 Setze die folgenden Wörter in die angegebenen Zeit- und Personalformen.

Infinitiv	Präsens	Präteritum
schlussfolgern	du schlussfolgerst	sie schlussfolgerte
widersprechen	?	?
hintergehen		
wiederholen		
wetteifern		
langweilen		
wehklagen		

2 Aus den folgenden Wörtern kannst du Zusammensetzungen bilden.
a) Schreibe sie auf.

geben finden	**statt**	**teil**	nehmen haben
leuchten bringen gehen zahlen	**heim**	**irre**	führen leiten

b) Verwende die einzelnen Verben in der Präteritumform in einem kurzen Satz. *Sie gaben der Bitte statt.*

3 Setze in die folgenden Sätze die passenden Verben ein.

fernsehen freisprechen hochgerechnet irrezuführen kopfrechnen langweilen preisgeben schwarzarbeiten wiederholen zusammengeschrieben

Diese beiden Wörter werden
Sie wollte ihr Geheimnis auf keinen Fall
Manche hinterziehen Steuern, indem sie
Nach der Wahl werden Ergebnisse auf Grund früherer Erfahrungen
Will man sich etwas auf Dauer einprägen, so muss man öfter
Wem man eine Schuld nicht nachweisen kann, den muss man
Am Beginn der Mathematikstunde sollten die Schüler
Am Abend wollen viele Leute am liebsten gemeinsam
Wer kein Hobby hat, wird sich in seiner freien Zeit oft
Wer andere bewusst täuscht, versucht sie

?

R 3
Zusammensetzungen von Verben mit Partikeln (Wörtern, die man nicht beugen kann), wie *ab-, an-, davon-, heraus-, weg-, zu-* und *zusammen-,* schreibt man in bestimmten Wortformen zusammen.

abbeißen, ankommen, davontragen, herausziehen, wegwerfen, zuschließen, zusammenstellen, beilegen, hineinreden, umherblicken

R 3 Eine wichtige Rechtschreibhilfe besteht darin, dass diese Wörter alle auf der Partikel, also dem ersten Bestandteil, betont werden:

ankommen, zuschließen, wegwerfen, umherblicken.

Da die Partikeln von den Verben trennbar sind, ist die Zusammenschreibung auf einige Wortformen beschränkt:

Willst du von der Wurst ein Stück ***abbeißen***? – Das Wurstende ist schon ***abgebissen.*** – Der Fisch ***biss*** *den Angelhaken* ***ab.*** – Sie ***beißt*** *ein Stück vom Brot* ***ab.***

Von dieser Regel ist eine Vielzahl von Verben und Partikeln betroffen:

auf*stehen,* ***aus****ziehen,* ***dagegen****sprechen,* ***davon****fahren,* ***drauflos****reden,* ***entgegen****kommen,* ***entlang****streichen,* ***gegen****zeichnen,* ***herauf****ziehen,* ***herum****reden,* ***hinaus****werfen,* ***hinzu****zählen,* ***los****lassen,* ***nach****sehen,* ***um****stoßen,* ***vor****rechnen,* ***vorbei****ziehen,* ***zurück****geben,* ***zuwider****handeln.*

Die Zusammensetzungen mit ***zu*** muss man gut unterscheiden von dem Infinitiv (Grundform) mit ***zu***, der Infinitiv mit ***zu*** wird getrennt geschrieben:

Er kann wieder kräftig ***zubeißen.*** *– Am letzten Tag unserer Trekking-Tour hatten wir fast nichts mehr* ***zu beißen*** (= Infinitiv mit *zu*).

Die Zusammenschreibung kann man gut daran erkennen, dass hier die Betonung auf dem *zu-* liegt: *zubeißen.*
Bei dem Infinitiv mit *zu* liegt die Betonung auf dem Verb: *zu beißen.*

Die mit Partikeln zusammengesetzten Verben haben auch in der Infinitivform mit *zu* Zusammenschreibung:

abzubeißen, anzukommen, davonzutragen.

1 Bilde mit den Verben und den Partikeln außen möglichst viele Wörter. Schreibe sie auf. Verwende einige in einem Satz.

weg	an	ab	nach	um
zu	HÖREN GEBEN SCHREIBEN LEGEN			her
aus	auf	vor	über	mit

2 Entscheide dich für die richtige Schreibweise der Wörter in den folgenden Sätzen. Schreibe die Sätze richtig in dein Heft.

Was gibt es denn da [zu sehen / zusehen] ?

Bei diesem Angebot solltest du unbedingt [zu greifen / zugreifen] .

Damit er mir half, musste ich ihm gut [zu reden / zureden] .

Er wollte seinen Fehler schließlich [zu geben / zugeben] .

Ihr braucht mich nur [zu rufen / zurufen] .

Der Hund kann mit seinen scharfen Zähnen schnell [zu beißen / zubeißen] .

Kannst du mir nicht einmal genau [zu hören / zuhören] ?

3 Hier sind jeweils zwei Zusammensetzungen durcheinander geraten. Schreibe die richtigen Wörter auf.

gegenüberkommen	zuvorsitzen	hindurchstimmen	übereinsehen
dafürrücken	zurechtsprechen	draufloslheben	hervorschimpfen
vorüberfallen	hintenübersausen	voraushocken	beisammenblicken
niedersprechen	widerbeugen	heraufstehlen	davonschallen

R 4
Verschiedene Wortarten, wie Nomen und Verbstämme, können mit Adjektiven oder Partizipien Zusammensetzungen bilden, die zusammengeschrieben werden.

butterweich, fingerbreit, jahrelang, meterhoch, freudestrahlend, denkfaul, selbstbewusst, werbewirksam, irreführend, selbstsicher

R 5
Viele Adverbien, Konjunktionen und Präpositionen, die oft aus Nomen entstanden sind, haben zwei oder mehr Bestandteile; sie werden aber zusammengeschrieben.

tagsüber, bergab, zweifelsohne, geradewegs, allerdings, deinetwegen, inwiefern, sobald, solange, soweit, anhand, infolge, inmitten, zuliebe.

R 6
Zusammensetzungen mit dem Bestandteil *irgend-* werden immer zusammengeschrieben.

irgendwann, irgendetwas, irgendjemand, irgendwo, irgendeinmal

R 4 Die Zusammensetzungen mit Nomen als erstem Bestandteil stehen jeweils für eine Wortgruppe:

butterweich (= weich wie Butter); *fingerbreit* (= einen Finger breit).

Ebenso werden bedeutungsverstärkende oder bedeutungsmindernde Wörter mit den folgenden Adjektiven zusammengeschrieben:

***super**weiß, **hyper**schnell, **extra**stark, **gemein**gefährlich, **grund**ehrlich, **dunkel**blau, **erz**konservativ, **brand**gefährlich, **bitter**ernst, **stock**nüchtern.*

Dagegen werden z.B. **getrennt geschrieben:**

die wild lebenden Tiere (weil *wild leben* getrennt geschrieben wird)
der allein stehende Mann (weil *allein stehen* getrennt geschrieben wird)

der riesig große Ölteppich	(weil der erste Bestandteil
das mikroskopisch kleine Lebewesen	eine Ableitung auf *-ig, -isch*
die schrecklich nervöse Ansagerin	oder *-lich ist*)

R 5 Getrennt schreibt man dagegen: *zu Ende, zu Fuß, unter der Hand.*

1 Setze in die Lücken die passenden Beispielwörter zur Regel 4 ein.

Durch die Sommerhitze wurde der Asphalt ___________.
Seine Betrügereien wurden ___________ nicht entdeckt.
Manche Aussagen in der Werbung sind ___________.
Der Lottokönig nahm seinen Gewinn ___________ entgegen.
Mann und Frau sollten in gleicher Weise ___________ im Beruf stehen.
Der Saum des selbst geschneiderten Kleides war ___________.

2 Die in den Sätzen eingerahmten Wortgruppen sind ersetzbar durch Zusammensetzungen. Wähle geeignete Wörter aus.

bergab – deinetwegen – imstande – infolge – inmitten – tagsüber – zweifelsohne

Wegen seiner Krankheit war er nicht [in der Lage] zu trainieren. – Das Fieber fiel immer [den Tag über]. – [Wegen dir] mussten wir die Fahrt vorzeitig abbrechen. – Der harte Frost hat [ohne jeden Zweifel] der Saat geschadet. – [In der Mitte] der Häuser lag etwas versteckt der Spielplatz. – Nachdem wir die Fahrräder einen steilen Berg hinaufgeschoben hatten, ging es einige Zeit nur [den Berg hinunter.] – [In der Folge] ihres ausdauernden Trainings verbesserten sich ihre Leistungen erheblich.

3 Welche Wörter kannst du mit Hilfe der Wortsterne bilden? Schreibe sie auf.

irgend: wann – wo – etwas – ein

super: modern – reich – schnell – klug

bitter: kalt – ernst – arm – böse

4 Schreibe die folgenden Zusammensetzungen richtig auf.

edümhesnref	gidnätsebeztih	dmerfsnebel	maskriwebrew
tllüfretsgna	dnehcerbnhab	rehcistsbles	mranennos

Regel	Beispiele
R 7 Verben und Partizipien werden in der Kombination mit anderen Verben immer getrennt geschrieben.	kennen lernen, spazieren gehen, sitzen bleiben, liegen lassen, getrennt schreiben, verloren gehen
R 8 Adjektive werden in der Verbindung mit Verben getrennt geschrieben, wenn man sie steigern oder erweitern kann.	fest halten, laut reden, sauber schreiben, zufrieden geben, nahe stehen, genau nehmen, schwer nehmen, gut gehen
R 9 Adjektive auf *-ig, -isch* und *-lich* und bestimmte zusammengesetzte Adverbien werden von den darauf folgenden Verben immer getrennt geschrieben.	lästig fallen, deutlich machen, auswendig lernen, neidisch blicken, aneinander denken, vorwärts gehen, daheim bleiben, abhanden kommen.

R 8 Für die Getrenntschreibung der Adjektive von den Verben gibt es zwei **Proben:**

– die **Steigerungsprobe:** *nahe* → ***(näher)*** *stehen,*
– die **Erweiterungsprobe:** Das Adjektiv muss durch Wörter erweiterbar sein, zumindest durch die Wörter *sehr* oder *ganz:* ***ganz*** *fest halten,* ***sehr*** *laut reden.*

Wenn eine der Proben möglich ist, wird getrennt geschrieben.

Bei der Entscheidung über diese Schreibweisen muss man aber immer die Bedeutung der Wörter beachten.
So wird *festhalten* (im Sinne von *schriftlich fixieren*) zusammengeschrieben, während im Beispiel *das Fahrrad* ***fest halten*** (Erweiterungsprobe: *ganz fest halten*) die Getrenntschreibung zwingend ist.

R 9 Vor allem werden alle Wörter mit den Bestandteilen *-einander* und *-wärts* von den darauf folgenden Verben getrennt geschrieben:
aufeinander achten, durcheinander bringen, vorwärts laufen, auswärts essen.

1 Kombiniere die Verben miteinander und schreibe sie auf.
Verwende sechs dieser Verben in kleinen Sätzen.

kennen	**schätzen**	**schreiben**
	lernen	

fallen	**stehen**	**liegen**
	lassen	

spazieren	**verloren**
gehen	

kleben	**stecken**	**stehen**
	bleiben	

gefangen
nehmen

spazieren
fahren

2 Setze die richtige Form der Wörter in die Lücken der Sätze ein.

aneinander denken – einander vertrauen – fest binden – gut gefallen – leicht fallen – nahe bringen – schlecht gehen – schwer fallen – vorwärts kommen – zufrieden geben.

Das Lösen des Rätsels ist uns nicht ______. – Du musst die Schleife ganz ______. – Viele wollen im Berufsleben rasch ______. – Freunde werden auch in schlechten Zeiten ______. – Bergsteiger, die am gleichen Seil gehen, müssen ______. – Bei deiner Hilfe wird es uns ______, die Arbeit zu Ende zu führen. – Wenn der Winter kommt, ______ es vielen Singvögeln bei uns ______. – Der Erzähler kann in seinem Roman dem Leser die Hauptperson gut ______. – In der Fabel will sich der Löwe nicht mit dem gleichen Anteil der Beute ______. – In meiner Urlaubskarte schreibe ich, dass es mir auf der Insel sehr ______.

3 Achte bei den folgenden Sätzen darauf, welche Bedeutung die kursiv stehenden Wörter haben. Wende – wenn möglich – die Steigerungs- oder Erweiterungsprobe an.

Die beiden Wörter werden *zusammen/geschrieben.* – Wollen wir den Text heute *zusammen/schreiben*?
Ich werde mir das Buch aus seiner Wohnung *wieder/holen.* – Kurz vor der Arbeit solltest du das Gelernte noch einmal *wieder/holen.*
Das Referat werde ich heute *frei/sprechen.* – Nach dem Prozessverlauf kann das Gericht den Angeklagten nur *frei/sprechen.*
Die Bank wird das Geld auf meinem Konto *gut/schreiben.* – Er konnte mit seinem neuen Füller *gut/schreiben.*
Der Polizist hat die Aussagen der Zeugen *schriftlich fest/gehalten.* – Beim Warten hat die Mutter das Kind *fest/gehalten.*

R 10 Werden eindeutig erkennbare Nomen mit Verben kombiniert, schreibt man sie getrennt.	Rad fahren, Auto fahren, Leid tun, Ski laufen, Rat suchen, Schlange stehen, Not leiden, Feuer fangen, Pleite gehen
R 11 Wortverbindungen mit *sein* werden stets getrennt geschrieben.	vorüber sein, vorhanden sein, fertig sein, zufrieden sein, zumute sein, zurück sein
R 12 Bei einer begrenzten Anzahl von Wortverbindungen bleibt es dem Schreiber überlassen, ob er sie als Zusammensetzung oder getrennt schreiben will.	infrage stellen *oder* in Frage stellen, zugrunde gehen *oder* zu Grunde gehen, zuwege bringen, *oder* zu Wege bringen, anstelle *oder* an Stelle, aufgrund *oder* auf Grund, mithilfe *oder* mit Hilfe

R 10 Weitere Beispiele: *Kopf stehen, Eis laufen, Schuld tragen, Halt machen, Acht geben.*
Aber: *kopfrechnen, teilnehmen, preisgeben.*
Vgl. die Regeln 1 und 2!

R 11 Weitere Beispiele: *bereit sein, da sein, beisammen sein, los sein, zusammen sein.*

Auch die folgenden Beispiele werden immer getrennt geschrieben:

ein wenig	*gar kein*	*auf einmal*
ein bisschen	*gar nicht*	*noch einmal*
zu Hause	*zu Fuß*	*zu Ende*
nach Hause	*so etwas*	*auf Wiedersehen*
immer noch	*manches Mal*	*nächstes Mal*

1 Wähle die passenden Wörter aus und schreibe die Sätze auf.

Nur mit einem Führerschein darf man	Acht geben
Zum Geburtstag will ich dir viel	Auto fahren
Auf dem zugefrorenen Weiher kann man	Glück wünschen
Vor dem Zaun mussten wir beim Joggen	Halt machen
Auf dem verschneiten Weg wollen die Kinder	Rad fahren
Bei der Schreibung dieses Wortes musst du	Radio hören
Zum Training meiner Muskeln werde ich häufig	Schlitten fahren
Am Nachmittag will ich in meinem Zimmer	Schlittschuh laufen

2 Wähle passende Kombinationen für die Sätze aus und schreibe sie auf.

da dabei zurück vorhanden hinüber zumute fertig zufrieden bereit
sein

Sollten wir nicht rechtzeitig von der Wanderung ___, braucht ihr nicht auf uns zu warten.
Die Sportlerin wollte bei den Olympischen Spielen auf jeden Fall ___.
Heute Abend wollen sie mit dem Streichen des Zaunes ___.
Für ein Lagerfeuer und zum Grillen sollte immer genug trockenes Holz ___.
Alle müssen ___ zusammenzuarbeiten, wenn das Umweltschutzprojekt ein Erfolg werden soll.
Mit seinem Beitrag zum Projekt konnten wir auf jeden Fall ___.
Wie mag einem Kind ___, das sein Lieblingstier durch einen Unfall verliert?

3 Welche getrennt geschriebenen Wörter aus den Erläuterungen der Regel 11 passen in die Kästchen?

[z][ ]	[ ][ ][ ][ ][ ]	[a][ ][ ]	[ ][ ][ ][ ][ ][ ][ ][ ][ ][ ][ ]
[ ][ ][ ][ ]	[H][ ][ ][ ][ ]	[b][ ][ ][ ][ ][ ][ ][ ][ ]	
[ ][ ][ ]	[b][ ][ ][ ][ ][ ][ ][ ]	[a][ ][ ]	[e][ ][ ][ ][ ][ ]
[g][ ][ ]	[k][ ][ ][ ]	[i][ ][ ][ ][ ]	[n][ ][ ][ ]
[g][ ][ ]	[ ][ ][ ][ ][ ]	[n][ ][ ][ ]	[ ][ ][ ][ ][ ][ ]

Überprüfe dein Können. Schreibe die folgenden Texte nach Diktat.

Straßenverkehr

In vielen Situationen sind wir heute gezwungen am Straßenverkehr teilzunehmen. Auch wenn wir nur spazieren gehen, kommen wir oft mit Verkehrsteilnehmern in Berührung. Dann müssen wir besonders Acht geben, wenn wir uns einer stark befahrenen Straße nähern. Schon die Kleinen im Vorschulalter beginnen damit, auf öffentlichen Straßen und Plätzen Rad zu fahren. Sie dürfen dazu noch den Bürgersteig benutzen. Aber es ist natürlich besonders wichtig, dass sie rechtzeitig Halt machen, wenn sie die Fahrbahn überqueren wollen. Für kleine Kinder ist es gar nicht so einfach, sich auf den Straßenverkehr einzustellen, denn sie können die Geschwindigkeit von Fahrzeugen noch nicht richtig einschätzen. Die Verkehrsteilnehmer, die Auto fahren, müssen deshalb viel Rücksicht auf die kleinen Kinder nehmen. Wer selbst kleine Geschwister oder kleine Kinder hat, dem wird dies bestimmt leicht fallen. In den Zeitungen häufen sich heutzutage die Meldungen über Unfälle, die durch zu dichtes Auffahren und überhöhte Geschwindigkeit zustande kommen. Es ist unverständlich, warum es vielen Autofahrern so schwer fällt, sich im Straßenverkehr überlegt und richtig zu verhalten.

Tierhaltung im Zoo

Die Tierhaltung im Zoo war in den letzten Jahrzehnten einer großen Veränderung unterworfen. Früher hielt man die Tiere in engen Käfigen hinter Gitterstäben. Die Käfige waren säuberlich nebeneinander aufgereiht. Die Besucher konnten mit wenigen Schritten an ihnen vorbeigehen und die Tierarten miteinander vergleichen. Heute kann man glücklicherweise feststellen, dass diese Art der Zurschaustellung der Tiere überholt ist. Man versucht heute die Tiere in Freigehegen unterzubringen. Teilweise gelingt es dabei sehr gut, die natürlichen Lebensräume der Bewohner nachzubauen. Dies hat sich auch erfolgreich auf die Arterhaltung ausgewirkt. Heute kann man hin und wieder von der erfolgreich verlaufenen Nachzüchtung einer Tiergattung hören. Einige Zoos sind sogar schon dazu übergegangen, gezielt Nachwuchs für die freie Wildbahn aufzuziehen. Auch die Wiedereingliederung dieser Tiere in ihren ursprünglichen Lebensraum ist häufig geglückt.

6. Dehnungsschreibungen

Die Länge des Vokals (Umlauts) im Stamm eines Wortes

- **bleibt unbezeichnet**
  - Rabe kam rot Bote mutig geben bequem hören spüren klären
- **wird bezeichnet durch**
  - *h* (Dehnungs-*h*): bei allen Vokalen und Umlauten möglich: *a, e, i, o, u, ä, ö, ü* (Zahl, mehr, ihr, Uhr, drohen usw.)
  - *e* (Dehnungs-*e*): bei dem Vokal *i* (sieben, Liebe, vier)
  - Doppelschreibung des Vokals: bei den Vokalen *a, e, o* (Saal, Beet, Boot) Keine Doppelschreibung bei den Vokalen *i* und *u*

Hinweise

Wie die Darstellung zeigt, gibt es in der Rechtschreibung verschiedene Möglichkeiten, die Länge eines Vokals oder Umlautes in der Schrift wiederzugeben. Bezeichnenderweise kam diese Vielfalt auch dadurch zustande, dass man in früherer Zeit die Buchstaben *h* und *e* in manchen Wörtern nicht mehr in ihrer Aufgabe verstand. Denn im Mittelalter waren *h* und *e* keine Dehnungszeichen, sondern sie wurden deutlich gesprochen.

Das heutige Wort *Liebe* schrieb man um 1200 so: *liebe*. Das *ie* in diesem Wort war aber ein Diphthong (Zwielaut), in dem das *e* hörbar gesprochen wurde. Aus dem *ie* ist später in der Aussprache ein langes *i* geworden: *li:be*. In der Schreibung blieb aber das *e* erhalten und wurde nun als Dehnungszeichen verstanden. In gleicher Weise wurde auch das *h* in Wörtern wie *stahel* um 1200 noch gesprochen; es hatte den Lautwert von *ch*. Als das *h* verstummte, wurde es in der Schreibung beibehalten, aber in ein Dehnungszeichen umgedeutet: *Stahl*.

Man fügte das *h* und das *e* dann auch noch in viele andere Wörter ein, so dass wir heute die bekannte Vielfalt der Längenbezeichnungen in der Rechtschreibung haben. Angesichts dieser Vielfalt ist es jedoch überraschend, dass z. B. in über 80 % der Wörter, die ein langes *a, e* oder *o* enthalten, die Vokallänge nicht bezeichnet wird: *mager, leben, toben*. Bei der Wiedergabe des langen *i* ist es allerdings umgekehrt; hier kommt die Schreibweise mit *ie* in fast 80 % der Wörter vor: *sieben, Diener, beliebt*.

R 1
Die Länge der Vokale wird in den Wörtern verschieden gekennzeichnet:

- manchmal durch *h* („Dehnungs-*h*")
- selten durch Verdopplung des Vokals
- bei *i* meist durch *e* („Dehnungs-*e*")
- sehr oft steht kein Dehnungszeichen

Bahn, sehr, kahl,
Stuhl, Sohle,
Beet, Saat, Paar,
Moor, Boot,
die, fliegen,
Miete, biegen,
schwer, hören,
Tadel, heben,

R 1 In der deutschen Rechtschreibung haben sich im Verlauf ihrer Geschichte mehrere Möglichkeiten herausgebildet, die Länge von Vokalen zu kennzeichnen: Verdopplung des Vokals, Schreibweise mit *h,* Schreibweise mit *e* bei *i.* Dennoch sind in den meisten Wörtern – außer bei den Wörtern mit langem *i* – die langen Vokale unbezeichnet geblieben.

Feste Regeln, ob und in welcher Weise die Länge gekennzeichnet wird, gibt es nicht.
Bei ***h*** und ***e*** spricht man heute von Länge- oder Dehnungszeichen, obwohl diese Buchstaben in den Wörtern früher eine andere Funktion hatten. Das Dehnungs-*h* steht fast nur vor den Konsonanten ***l, m, n*** und ***r*** (*ka**hl**, ne**hm**en, Za**hn**, Bo**hr**er*).

Noch komplizierter wird in einigen Wörtern die Schreibweise, weil zu dem Längezeichen *e* (bei *i*) ein ***h*** hinzukommt, das den Wortstamm in diesen Wörtern abschließt. Dieses *h* ist deshalb kein Dehnungszeichen, sondern ein stammschließendes *h*:
*V**ieh**, z**ieh**t, gesch**ieh**t, empf**iehl**t, fl**ieh**t, st**iehl**t.*

1 Setze mit den Buchstaben Wörter zusammen, die einen langen Vokal haben. Schreibe sie – nach Schreibweisen getrennt – auf.

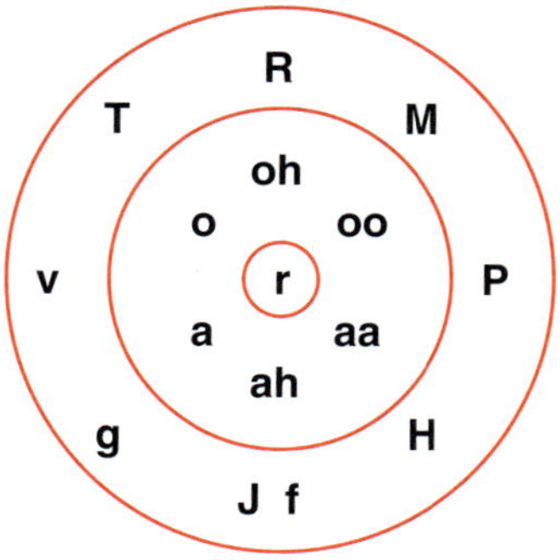

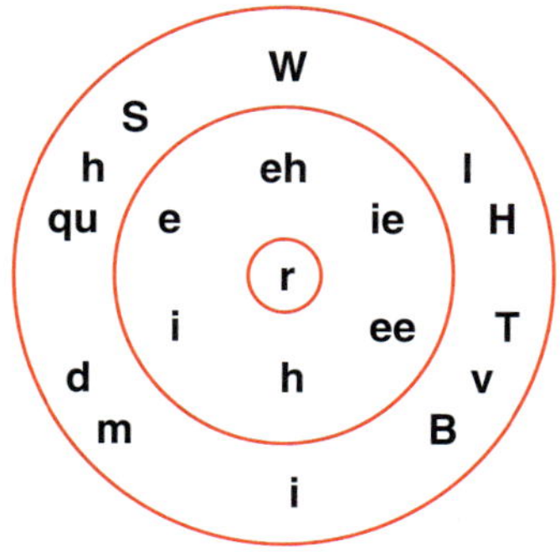

Längezeichen *h*	*e* nach *i*	doppelter Vokal	ohne Längezeichen
Mohr	Bier	Moor	gar

2 Suche aus den Wörterschlangen die Wörter heraus, die einen langen Vokal haben. Schreibe sie in deinem Heft in Form der Tabelle auf.

AUFRUHRMUNTERKUCHENHUHNPFUNDMINUTE
STUHLUNTERRUDERTUGENDRUHMPURZEL
KÜHLUNGTRÜBENFÜTTERNMÜDEZÜGELGEBÜHR
BÜHNESÜNDENDRÜBERFLÜGELMÜHLEGEFÜHL

uh	u	üh	ü

3 Suche aus dem Text alle Wörter heraus, die einen langen Vokal enthalten. Ordne sie in die Tabelle – in deinem Heft – ein.

Obwohl es heute Brücken gibt, die über Flüsse und Gewässer führen, werden noch viele alte Fähren benutzt um Menschen und Fahrzeuge über das Wasser zu bringen. Die meisten Fähren werden durch einen Motor angetrieben; einige von ihnen hängen auch an einem Stahlseil, das über das Wasser ausgespannt ist. Durch den Druck der Strömung wird die Fähre dann an einer Rolle an das andere Ufer getrieben. Der Fährmann muss hier natürlich aufpassen, dass er nicht mit anderen Booten zusammenstößt. Es ist immer eine gute Idee eine alte Fähre zu benutzen, denn die Überfahrt macht Spaß.

Längezeichen *h*	*e* nach *i*	doppelter Vokal	ohne Längezeichen

R 2
In manchen Wörtern wird der lange Vokal durch einen doppelten Buchstaben wiedergegeben.

Aal, Saal, Staat;
Meer, Heer, Beet;
Boot, Moor, Moos

R 2 Da das lateinische Alphabet, das im frühen Mittelalter für die Verschriftlichung der deutschen Sprache benutzt wurde, keine Zeichen für lange Vokale besaß, gaben die Schreiber die langen Vokale teilweise durch doppelte Buchstaben wieder.

Die Doppelschreibungen von Vokalbuchstaben kommen jedoch in der heutigen Rechtschreibung nur in wenigen Wörtern vor.

Doppeltes *ii* oder *uu* gibt es nicht.

Umgelautete Vokale werden nicht doppelt geschrieben:
*S**aa**l – S**ä**le, H**aa**r – H**ä**rchen, P**aa**r – P**ä**rchen, B**oo**t – B**ö**tchen.*

1 Alle Wörter des Wortgitters enthalten Doppelbuchstaben (aa, ee, oo). Welche Doppelbuchstaben fehlen jeweils? Schreibe die Lösungswörter in dein Heft.

S	A	A	L		S	P			R		S	A	A	T
P			R		B			R	E		I	D		
H			R		W			G	E		K	L		
H			R		S	T			T		B	O	O	T
T			R			T					M			R
B			T			S					M			S
F						L				S		Z		

2 Löse das Rätsel, das nur Wörter mit Doppelvokalen enthält. Schreibe die Lösungswörter in dein Heft.

1. sumpfiges Gelände
2. guter Einfall
3. Gegenteil von voll
4. Mann und Frau sind ein
5. Fahrzeug auf dem Wasser
6. Gewichtsanzeiger
7. alte Waffe
8. kleine runde Frucht
9. eingedickter Fruchtsaft
10. fällt oft im Winter

I					
B					
G					

3 Unterscheide gleich gesprochene, aber verschieden geschriebene Wörter mit langem Vokal.

LEERE	MEER	MOOR
LEHRE	MEHR	MOHR

Der Unfall, den ich hatte, war mir eine ___________. – Sie isst gerne schwarze___________köpfe. – Große Tankschiffe befahren alle ___________. – In dem ausgeräumten Zimmer erschrak ich vor der ___________. – Gegen Wirbelsäulenschäden helfen oft ___________bäder. – Vom Segeln verstehe ich ___________als mein Bruder.

R 3
In manchen Wörtern – vor allem vor *l, m, n, r* – wird der lange Vokal durch ein *h* gekennzeichnet.

Stuhl, Zahl, Mahl, lahm, nehmen, zahm, Zahn, dehnen, zehn, Ehre, führen, Gebühr

R 3 Das ***h*** kann bei allen Vokalen als Längezeichen stehen.

Auch bei Umlauten kann das sog. Dehnungs-*h* stehen:

Mähne, Röhre, Bühne, Mühle.

Die Drucker im 16. und 17. Jahrhundert setzten das ***h*** gerne vor die als dünn und unauffällig geltenden Buchstaben *l, m, n* und *r,* um den vorhergehenden Vokal besser zur Geltung zu bringen. Das Dehnungs-*h* kommt deshalb im Wortstamm heute insbesondere vor *l, m, n* und r vor:
fehlen, zahm, Bahn, führen.
Aber **Achtung!** Vor diesen Konsonanten steht nicht immer ein *h*:
Schule, Scham, schon, Tor.

In manchen Wörtern steht nach einem langen Vokal ein *h*, das nicht als Dehnungszeichen anzusehen ist, z.B. in ***ziehen, sehen, stehen.*** Das *h* wurde in diese Wörter eingefügt, damit nicht mehrere Vokale in der Schrift nebeneinander stehen: *zieen* → *ziehen.* In diesen Wörtern, zu denen auch *drehen, drohen, ruhen* und *nähern* gehören, schließt das *h* den Wortstamm ab (stammschließendes *h*).

In dem Wort *rauh* entfällt nach der Reform das stammschließende *h:*
rau, Raufrost, Rauheit, Rauhaardackel.
In den Wörtern *roh* und *zäh* dagegen steht das stammschließende *h* und bleibt auch in abgeleiteten Wörtern erhalten:
Rohheit, Zähheit.

1 Setze die Wortbestandteile zusammen, schreibe die Wörter auf. Mache dir ihre Bedeutung klar, indem du sie in einem kleinen Satz verwendest.

f, z, st, m	ehl / ahl	en

n, L, z, R	ahm / ehm	

Z, B, M, S	ähn / ühn	e

k, f, z, w	ehr / ahr	en

2 Schreibe zu den Nomen je zwei Verben in dein Heft, die den gleichen Wortstamm haben.

Lehrer	–	lehren	belehren
Zähler	–		
Fühler	–		
Mahner	–		
Wohnung	–		
Rahmen	–		
Führer	–		
Ziehung	–		
Fehler	–		

3 In jeder Reihe ist nur ein Buchstabe neu. Welche Buchstaben fehlen jeweils? Schreibe die gefundenen Wörter in dein Heft; sie werden teilweise kleingeschrieben.

Z	A	H	L	E	N
	Ä				
W					
	Ü				
F					
	O				
K					

F	A	H	N	E
S				
	Ü			
B				
	O			
			L	
S				

R 4
Langes *i* wird in sehr vielen Wörtern durch *ie* wiedergegeben.

Liebe, sieben, nieder, Knie, nie, die

R 4 Die Wiedergabe des langen *i* durch ***ie*** ist in der Schrift sehr weitgehend durchgeführt.

Am Wortanfang wird der lange Vokal jedoch in einigen Wörtern mit ***i*** oder ***ih*** geschrieben:

Igel, ihm, ihn, ihr.

Zur Wiedergabe des langen *i* am Wortende und in Fremdwörtern siehe R 5 und R 6, S. 100 ff.

1 Setze aus den Buchstaben möglichst viele Wörter zusammen. Verwende jeweils die Buchstaben in den gegenüberliegenden Feldern. Schreibe die Wörter auf.

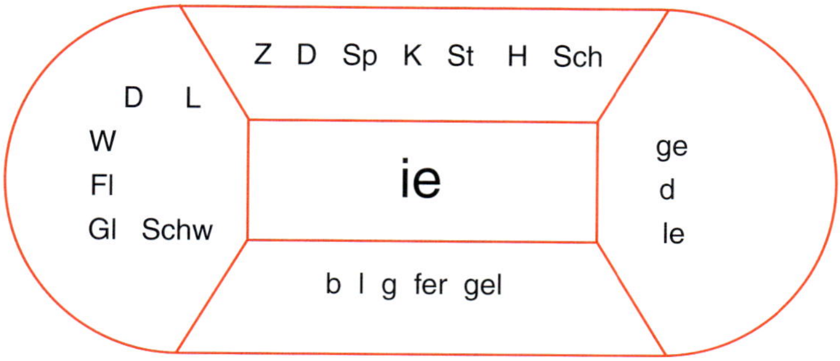

2 Bilde mit den Wortbausteinen möglichst viele Verben. Schreibe sie auf.
frieren,...

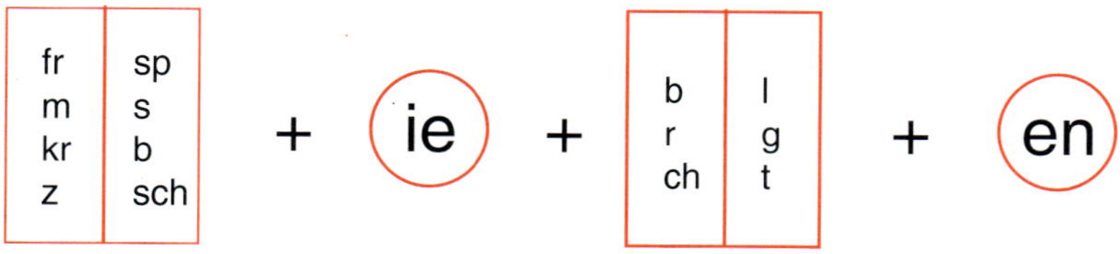

3 Beachte besonders die Schreibweise dieser oft vorkommenden Wörter, die auch häufig falsch geschrieben werden.
Schreibe sie nach Wortarten getrennt in dein Heft.

anziehen – Brief – fliegen – fließen – Frieden – friedlich – gießen – gratulieren – interessieren – Knie – gekriegt – ließ – lieb – neugierig – Papier – passieren – probieren – schließen – (er) schrieb – (sie) schrie – schwierig – (du) siehst – spazieren – Spiel – telefonieren – tief – Tier – verlieren – viel – ziehen – zufrieden

Nomen	Verben	Adjektive
		friedlich

R 5
Besonders in Fremdwörtern bzw. aus fremden Sprachen entlehnten Wörtern wird der lange *i*-Laut durch einfaches *i* wiedergegeben.

Maschine, Kino, Benzin, Termin, Tiger, Bibel

R 5 Siehe dazu aber auch die Schreibung der Nachsilbe ***-ieren*** *(kombin**ie-ren**, telefon**ieren**)* auf S. 124 f.!

1 Setze richtig zusammen, schreibe die Fremdwörter auf.

MEDIZ	KAM	VENT	ROS	AUTOMOB	IL
BENZ	MASCH	GARD	VITAM	PRAL	INE
TERM	KROKOD	LAW	MANDAR	RU	IN

2 Löse das Silbenrätsel, schreibe die Wörter in dein Heft. Beachte die Groß- und Kleinschreibung der Wörter!

ap – bel – bel – ber – bi – bi – chen – fel – fi – ga – ger – ka – ki – ko – li – lo – mar – mo – ne – ne – ne – nin – no – ri – si – ti – ti – ve – vio

1. Lichtspieltheater ______________________
2. Schienenfahrzeug ______________________
3. Leselernbuch ______________________
4. Streichinstrument ______________________
5. Südfrucht ______________________
6. großes Nagetier ______________________
7. Heilige Schrift ______________________
8. Hasentier ______________________
9. Pflanzenfett ______________________
10. Raubtier ______________________

3 Hier sind Wörter ungewöhnlich zusammengesetzt. Schreibe sie richtig in dein Heft. *Scheibengardine*

SCHEIBENAPFELSINE UMKLEIDESARDINE DAMPFRUINE
ÖLKABINE AUSSTELLUNGSTERRINE BURGTURBINE
BLEISTIFTMARINE WÜSTENMASCHINE HANDELSMINE
SUPPENVITRINE BLUTGARDINE WASCHBEDUINE

R 6
Im Auslaut wird der lange *i*-Laut immer durch *ie* wiedergegeben.

die, nie, Knie, Demokratie

R 7
In einigen Wörtern wird die unterschiedliche Schreibweise des langen Vokals zur Unterscheidung der Bedeutungen genutzt.

Lied – Lid,
Stiel – Stil,
Miene – Mine,
wieder – wider,
Wahl – Wal
Moor – Mohr

R 7 Besonders die Unterscheidung der Schreibweisen ***wieder*** und ***wider*** macht Schwierigkeiten.

Eine Hilfe bietet nur die Besinnung auf die unterschiedliche Bedeutung beider Wörter.

wieder bedeutet: noch einmal, ***wider*** bedeutet: gegen, entgegen. Diese unterschiedlichen Bedeutungen müssen besonders in zusammengesetzten Wörtern beachtet werden:

wieder: *das Wiedersehen, Wiederholung, wiedergeben, wiederum, wiederkehren;*

wider: *widerlegen, widerspiegeln, widersprechen, widerlich, widersetzen, Widerstand, widersinnig, erwidern, Widerwille, Widerruf.*

1 Setze die Wortteile richtig zusammen. Wenn du die Bedeutung der Wörter nicht kennst, sieh in einem Wörterbuch nach!

INDU FOTOGRA AMNE IRO DEMOKRA THEO BIOLO ENER CHE SINFO KO GARAN MELO POE SYMPA ALLER AKADE PRÄ DROGE THERA	RIE STRIE GIE DIE GIE THIE GIE	TIE STIE SIE MIE PIE FIE RIE	NIE RIE TIE NIE MIE PIE

2 Schreibe die Sätze in dein Heft, indem du die passenden Wörter in die Lücken der Sätze einsetzt. Beachte die Bedeutung!

Lid (das Augenlid) Miene (Gesichtsausdruck)
Lied (das Volkslied) Mine (Bergwerk, auch: Kugelschreibermine)
mahlen (zu Mehl mahlen) Wahl (Abstimmungsvorgang)
malen (ein Bild malen) Wal (Walfisch)
Stil (Schreibart, Ausdrucksweise) Mahl (Mahlzeit)
Stiel (Griff, Stängel) Mal (Zeichen, Zeitpunkt)

Sie machte gute __________ zum bösen Spiel. – Soll ich Ihnen den Kaffee __________ ? – Drei Kandidaten standen zur __________ . – Sie hat mir ein schönes Bild ge__________t. – Durch den __________fang sind die großen Meeressäugetiere fast ausgerottet worden. – Die __________ meines Kugelschreibers ist bald leer. – Während der Wanderung sangen wir ein fröhliches __________ . – Du musst den __________ deines Aufsatzschreibens verbessern. – Für mein Beil brauche ich einen neuen __________. – In Indien tragen Angehörige hoher Kasten ein __________ auf der Stirn. – Tränen quollen unter seinen __________ hervor. – Zur Abendzeit gab es nur ein bescheidenes __________ .

3 Schreibe die Sätze in dein Heft, indem du die Formen *wieder* oder *wider* in die Lücken einsetzt.

„Du kommst schon __________ zu spät“, sagte ich zu meinem Bruder, „das darf sich nicht __________ holen!“ „Da muss ich dir __________-sprechen“, er __________te er, „nach meiner Uhr bin ich pünktlich. Ich wollte doch um 5 Uhr __________ da sein.“ Da es mir __________strebt, mich mit meinem Bruder zu streiten, beendete ich das Gespräch.

R 8
In den meisten Wörtern wird der lange Vokal nur durch *a, e, i, o, u* wiedergegeben. Die Länge wird also nicht bezeichnet.

Tal, her,
dir, Not,
Mut, Blume

R 8 Das gleiche gilt auch für lang gesprochene Umlaute ***(ä, ü, ö)***, die gleichfalls in vielen Wörtern ohne *h* geschrieben werden.
Folgende Wörter werden häufig falsch geschrieben:

*f**ü**r, h**ö**ren, n**ä**mlich, (sie) k**ä**men, sch**ö**n, Sch**ü**ler, (ich) w**ä**re (froh).*

Wer *nämlich* mit *h* schreibt, ist zwar nicht dämlich, er könnte aber die richtige Schreibweise dieses Wortes besser behalten, wenn er bei „nämlich" immer an „Name" denken würde!

1 Bilde zu den folgenden Verben mit langem Vokal jeweils ein einfaches Nomen und ein zusammengesetztes Nomen. Schreibe die Wörter in dein Heft und unterstreiche den langen Vokal in den Wörtern.

reden	Rede	Redezeit
bluten		
schonen		
hören		
verschwören		
beten		
leben		
klagen		
graben		
stören		

2 Löse das Gitterrätsel. Schreibe die Lösungswörter in dein Heft.

1. Damit schneidet man
2. Pflanzenblüte
3. Zeichen der Trauer
4. Schuhe sind aus
5. Zum Nähen gehören Nadel und
6. hebt schwere Lasten
7. Beinkleider
8. Jeder hatte Mutter und
9. Zeichen eines Königs
10. Aus der Steckdose kommt der
11. Blasinstrument
12. Hier kann man etwas lernen.

S					
B					
T		Ä			
F					
K					
H					
V					
K					
F		Ö			
S					

3 Setze aus den Wortbausteinen möglichst viele Wörter zusammen.

Ge ge an ver un	**hör**	bar ig en t

Er er ein über ab	**hol**	t ung en sam

Wörter mit langen Vokalen, die häufig falsch geschrieben werden

Wörter mit *h* (Dehnungs-*h* und stammschließendes *h*)

allmählich	Fahrräder	ihn	gestohlen
anziehen	Fahrt	ihnen	Stuhl
zieht an	fehlen	ihr	Stühle
auf Wiedersehen	Fehler	ihrem	Uhr
aussehen	Fernsehen	ihren	ungefähr
sieht aus	Fernseher	Jahr	Verkehr
aus Versehen	fernsehen	Lehrer	verkehrt
Bahn	froh	Lehrerin	verstehen
beinahe	fröhlich	mehr	versteht
belohnt	früh	mehrere	wählen
berühmt	früher	mitfahren	wahr
bezahlen	Frühling	nah	Wahrheit
blühen	Frühstück	nehmen	während
blüht	frühstücken	nahm	wahrscheinlich
drehen	fühlen	ohne	wohl
dreht	fühlt	Ohr	wohnen
drohen	Gefahr	Reihe	Wohnung
droht	gefährlich	Ruhe	Zahl
ehrlich	Gefühl	ruhig	zahlen
Eisenbahn	gehen	Schuhe	zählen
erzählen	geht	sehen	Zahn
erzählt	geschieht	sieht	Zähne
fahren	geschah	sah	zehn
fährt	hohe	gesehen	ziehen
fuhr	höher	sehr	zieht
gefahren	Höhle	stehen	
Fahrrad	ihm	steht	

Wörter mit *i*

Apfelsine	erwidern	Liter	mir	wir
Benzin	Fabrik	Maschine	Musik	
dir	gibt	Minute	widerlich	

Wörter mit *ie*

anziehen	hier	Papier	Spiel
blieb	hierher	passiert	spielen
Brief	interessieren	probieren	spielt
Dienstag	Knie	riechen	gespielt
fiel	kriegen	schiebt	telefonieren
Ferien	kriegt	schlief	tief
fliegen	gekriegt	schließen	Tier
fliegt	lief	schließt	verlieren
fließen	ließ	schließlich	viel
Frieden	liest	schrieb	viele
friedlich	lieb	geschrieben	vielleicht
frieren	Lieblings-	schrie	wie
geschieht	Lied	geschrien	wieder
gießen	liegen	schwierig	Wiese
gießt	liegt	siehst	ziehen
gratulieren	neugierig	sieht	zieht
hielt	niemals	siegen	ziemlich
hieß	niemand	spazieren	zufrieden

Zwei dieser Wörterlisten enthalten so viele Wörter, dass du sie nicht auf einmal bearbeiten kannst. Nimm deshalb für eine Übung jeweils nur eine begrenzte Anzahl von Wörtern, z.B. 30 oder 40.

1 Lies dir die Wörter genau durch. Überlege bei jedem Wort, weshalb es in der Schreibung Schwierigkeiten bereiten könnte. Kreuze die Wörter an, bei deren Schreibung du noch nicht ganz sicher bist.

2 Übe die angekreuzten Wörter, indem du

- einzelne Wörter in kleinen Sätzen verwendest: *Allmählich ging es mir besser.*
- zu anderen Wörtern einige Wörter aus der gleichen Wortfamilie aufschreibst: *berühmt: rühmen, Ruhm, rühmlich.*
- längere Wörter mit Trennungszeichen notierst: *all-mäh-lich.*

3 Lass dir die Wörter jeder Spalte in zeitlichen Abständen (die Wörter mit *i* auf einmal) diktieren und kontrolliere sofort die richtige Schreibung. Verwende Wörter, die für dich jetzt noch schwierig sind, in einem kurzen Satz.

Überprüfe dein Können. Schreibe die folgenden Texte nach Diktat.

Bücher

Als das Fernsehen seinen Siegeszug antrat, sahen viele Menschen das Ende des Bücherlesens nahen. Interessiert verfolgte man die Auswirkungen des neuen Mediums auf das Leseverhalten der Menschen. Allen negativen Voraussagen zum Trotz konnte aber das Buch seine wichtige Bedeutung für viele Menschen in unserer Gesellschaft behalten. Die Zahl der Neuerscheinungen ist sogar von Jahr zu Jahr gestiegen. Das Buch ist nach wie vor ein unentbehrlicher Vermittler von Information, Aufklärung und Unterhaltung. Besonderer Beliebtheit erfreuen sich die Taschenbücher. Sie werden in hohen Stückzahlen hergestellt und zu erschwinglichen Preisen von einer ziemlich breiten Schicht von Lesern gekauft. Bücher sind auch sehr handlich; man kann sie überall hervorholen und sich in die geliebte Lektüre vertiefen. Ein weiterer Vorteil liegt darin, dass man jederzeit mit dem Lesen aufhören oder wieder damit beginnen kann. Schließlich können wir uns mit Textstellen wiederholt befassen, sie anderen vortragen oder über sie lange Gespräche führen. Ein Buch ist nämlich oft auch ein treuer Freund in guten und in schlechten Tagen.

Im Gebirge

An einem warmen Spätsommertag brachen wir frühmorgens auf um mit der Seilbahn auf einen hohen Berg zu fahren. Im Tal lag noch dichter Nebel. Doch kaum waren wir mit der Bahn einige Meter nach oben geschwebt, da trafen uns schon die ersten Sonnenstrahlen. Aber wir waren nicht die einzigen Sonnenanbeter. Von der Seilbahn aus sahen wir drei Murmeltiere, die sich aus ihrer Höhle gewagt hatten und vergnügt spielten. Sie ließen sich dabei von uns nicht stören. Dann kamen wir auf der Bergstation an und verließen rasch das Gebäude. Um zum Gipfel zu gelangen mussten wir aber noch mühsam einen steilen Pfad hinaufklettern. Die Aussicht belohnte uns dann für unsere Mühen, denn wir konnten viele Zwei- und Dreitausender vor uns im Sonnenlicht glänzen sehen. Doch schließlich wurde es wieder Zeit, einen möglichst ungefährlichen Weg für den Abstieg zu suchen. Ein schmaler Pfad führte uns zwischen malerischen Felswänden ins Tal hinab.

7. Schwierige Vokalschreibungen

In diesem Kapitel werden Schreibweisen zusammengefasst, die die Umlaute und die Zwielaute (Diphthonge) betreffen:

- Wörter mit den Umlauten *ä* und *äu,*
- die Schreibweisen *ei/ai.*

Das fehlerträchtige Gebiet der Schreibung der Wörter, die einen langen Vokal enthalten *(führen, Ziele, Faden),* ist dagegen in dem Kapitel „Dehnungsschreibungen" (S. 91 ff.) behandelt.

R 1
Der Umlaut *ä* wird in vielen Wörtern wie *e* gesprochen, aber mit *ä* geschrieben.

rächen, Wände, Kälte, hässlich, lässig, ändern

R 1 Der Umlaut ***ä*** steht in der Regel in den Wörtern, die in einer anderen Form, z.B. Grundform oder Einzahl, ein ***a*** haben:

Wände → Wand, Kälte → kalt, lässig → lassen.

Um die richtige Schreibweise der Wörter mit *ä* zu ermitteln sollte man deshalb immer ein verwandtes Wort mit *a* suchen:

rächen → Rache, aber: *Felder → Feld.*

Durch die Rechtschreibreform wurde in einer Reihe von Wörtern die Schreibung mit *ä* (statt *e*) eingeführt:

*behände (→ Hand); belämmert (*heute zu *Lamm); Gämse (→ Gams); Quäntchen (*heute zu *Quantum); Stängel (→ Stange); überschwänglich (→ Überschwang).*

Die Wörter *aufwendig/aufwändig* und *Schenke/Schänke* können in beiden Formen geschrieben werden; denn man kann sie entweder mit *aufwenden* oder *Aufwand* bzw. entweder mit *ausschenken* oder *Ausschank* in Verbindung setzen.

Bei wenigen Wörtern wird aber auch heute noch gegen eine Schreibweise mit Umlaut verstoßen, obwohl hier verwandte Wortformen mit *a* vorliegen. Diese Wörter sollten gut eingeprägt werden,
z.B. *Eltern* (trotz *alt*), *schwenken* (trotz *schwanken*), *Schelle* (trotz *Schall*).

1 Suche zu den Wörtern mit *ä* im linken Kasten dazugehörige Wörter mit *a* im rechten Kasten. Schreibe die Wörter auf. *Fährschiff → fahren*

Fährschiff Gepäck mächtig Empfänger verlängern verlässlich Erwärmung gedrängt jährlich kräftig Wählerin unzählig ärztlich Veränderung beängstigend Sitzplätze behände	Drang Platz lassen Arzt Kraft Angst fahren Jahr Zahl anders lang packen Empfang warm Wahl Macht Hand

2 Suche zu den angegebenen Wortstämmen mit *a* jeweils zwei Wörter, in denen ein Umlaut-*ä* enthalten ist. Achte auf die Groß- und Kleinschreibung. Schreibe die Wörter in dein Heft.

– schlaf –	Schläfer	schläfrig
– lang –	______	______
– zahl –	______	______
– gefahr –	______	______
– nah –	______	______
– ganz –	______	______
– kalt –	______	______
– scharf –	______	______
– kampf –	______	______
– wachs –	______	______

3 Überlege, ob du zu den Lückenwörtern ein verwandtes Wort mit *a* findest, und schreibe dann die Wörter richtig auf. Drei der Wörter werden mit *e* geschrieben!

S____cke – ____ste – bet____tigen – bed____cken – Erm____ßigung – Umg____hung – Beh____lter – erk____lten – bes____nftigen – Erkl____rungen – F____cher – verk____hrt – w____hlerisch – entw____ssern – l____cherlich – verl____ngern – Verr____ter – ver____ndern – n____chtlich – ertr____glich – pr____chtig

R 2
Der umgelautete Doppelvokal *äu* (von *au*) wird wie *eu* gesprochen, aber mit *äu* geschrieben.

Bäume, Fräulein, träumen, Geläute, bläulich, Häute

R 2 Der umgelautete Doppelvokal ***äu*** steht meist in Wörtern, die in verwandten Wortformen (Grundform, Einzahlform) ein ***au*** haben.
Das Suchen einer verwandten Wortform ist deshalb immer eine wichtige Hilfe um die richtige Schreibweise zu finden:

Fräulein → Frau, *träumen → Traum,* *Geläute → Laut.*

Durch die Rechtschreibreform wurde auch in den Wörtern *schnäuzen* und *einbläuen* das *äu* (statt *eu*) eingeführt, weil es verwandte Wörter mit *au* gibt:

*schnäuzen (→ Schnauze); verbläuen (*heute zu *blau).*

1 Zu allen diesen Wörtern mit au lassen sich Wortformen mit dem Umlaut äu bilden. Denke auch an Mehrzahlformen. Schreibe die Wörter in dein Heft.

Haufen	*häufig*	Baum	*Bäume*
Strauch	____	Frau	____
rauben	____	kaufen	____
Raum	____	sauber	____
bauen	____	laut	____
sauer	____	Kraut	____

2 Setze aus den Wortteilen jeweils Wörter zusammen. Schreibe sie auf.

B	einz	Br
Tr	br	Z
R	tr	L
Sch	s	l

au | äu

m	me		
	men	ne	
	nen	n	t
ten	te	b	ber

3 Entscheide, ob es zu den folgenden Lückenwörtern ein verwandtes Wort mit au gibt. Schreibe dann die Wörter richtig auf. Drei Wörter werden mit eu geschrieben!

l____ten – d____tlich – M____te – ausr____men – Verk____ferin – Fr____lein – Salzs____re – abergl____bisch – vorl____fig – B____tetier – ____ßerlich – gel____fig – gebr____chlich – Ger____sche – einz____nen – entt____scht – vertr____mt

4 Entscheide über die Schreibweise der Lückenwörter im Text. Mache im Zweifelsfall die Probe, ob du ein verwandtes Wort mit au findest. Schreibe die Wörter in dein Heft.

N____lich war ich in den Ferien bei Fr____nden zu Besuch. Sie leben in einem schönen Bauernh____schen. Um das Haus liegt ein großer Garten mit alten B____men und Str____chern. Ihre Nachbarn sind nette L____te; sie zeigten uns die Ställe und die Sch____ne, in der es viele M____se gibt. Man hörte ihre d____tlichen Ger____sche. Die B____erin führte uns auch durch die alten R____me in dem Wohngeb____de.

R 3
Der Doppelvokal *ei* wird in der Schreibweise meist durch *ei*, in wenigen Wörtern aber auch durch *ai* wiedergegeben.

Zeit, Leim,
Eifer, Leiter,
Mai, Kaiser

R 4
In einigen Wörtern werden durch die Schreibweise eines Wortes mit *ei* oder *ai* Bedeutungen unterschieden.

Leib – Laib,
Weise – Waise,
Seite – Saite,
Leichen – laichen

R 3 Die Zahl der Wörter mit dem Doppelvokal *ai* ist sehr begrenzt:

Hai, Hain, Kai, Kaiser, Laib, Laich, Lakai, Mai, Maid, Main, Mais, Rain, Saite, Taifun, Waise, aber: Bayern.

R 4 Die gleich gesprochenen Wörter sind nur durch die Bedeutung unterscheidbar.

*L**ei**b* – (Körper) *L**ai**b* – (Brotlaib)
*W**ei**se* – (Melodie) *W**ai**se* – (elternloses Kind, einzelne reimlose Gedichtzeile)
*S**ei**te* – (Seite im Buch) *S**ai**te* – (Faden aus Tierdarm oder Metall)
*l**ai**chen* – (Eier ablegen, bei Wassertieren)
*L**ei**chen* – (tote menschliche Körper)

1 Bilde zu den Wörtern mit *ei* und *ai* zusammengesetzte Wörter. Schreibe die Wörter in dein Heft.

Kai	Schiffskai	Eifer	Eifersucht
Hai		Geige	
Waise		Weise	
Saite		Seite	
Laib		Leib	
Kaiser		Bein	
Mai		Seide	
Laich		Zeichen	

2 Setze mit den Buchstaben möglichst viele Wörter mit *ei* und *ai* zusammen. Schreibe sie auf.

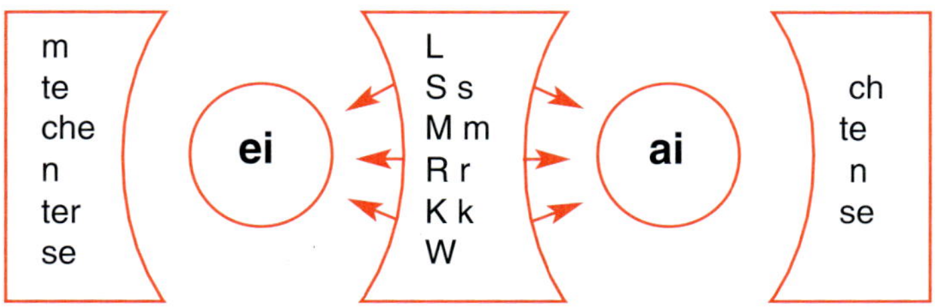

3 Schreibe die Sätze auf, indem du die passenden Wörter einsetzt.

Laich – Laib – Leib – Kai – Kaiser – Saite – Seite – Taifun – Waise – Weise – Main – Rain

Bringe mir aus dem Bäckerladen einen __________ Brot mit! – Am Feld__________ wachsen seltene Pflanzenarten. – Aus dem Frosch__________ entwickeln sich die Kaulquappen. – Wir versuchen unser Baumhaus auf einfache __________ zu errichten. – Auf seiner Violine ist eine __________ gesprungen. – Er trug einen breiten Gürtel um seinen __________. Die Schiffe gerieten in einen schweren __________. – Durch den Unfalltod der Eltern wurde sie zu einer __________. – Karl der Große wurde im Jahre 800 nach Christi Geburt zum __________ gekrönt. – Die Schiffe machten nach der Überfahrt am __________ fest. – Der __________ mündet in Mainz in den Rhein. – Die letzte __________ des Buches blieb leer.

Überprüfe dein Können. Schreibe die folgenden Texte nach Diktat.

Nordsee-Inseln

In langen Reihen stehen die Fahrzeuge am Schiffskai und warten auf das nächste Fährschiff, das sie auf eine der Urlaubsinseln befördern soll. Die Zahl der Urlaubsgäste auf den Nordsee-Inseln ist in den vergangenen Jahren ständig gestiegen. Immer größer wurde die Zahl derjenigen, die auf den Inseln Ruhe und Erholung vom Lärm der Städte und den Anstrengungen des täglichen Lebens suchten. Häufig kommen jedoch auch Gäste, die sich eine Heilung ihrer Krankheiten versprechen. Die Ärzte schicken viele Patienten mit Atemleiden zur Erholung und Abhärtung an die Nordsee. Die Gäste verbringen möglichst viele Stunden an den Stränden, wandern in den Dünen, schwimmen bei schönem Wetter in der See oder radeln die Inselwege entlang. Von Mai bis Oktober beherbergen die Inseln die meisten Urlauber. Während der Wintersaison, wenn Regenwetter und Stürme herrschen, geht die Zahl der Besucher erheblich zurück. Die Fensterläden der meisten Ferienhäuser sind dicht verschlossen. Die Bewohner teilen sich dann ihre schönen Inseln mit einem kleinen Rest Unentwegter.

Gesund leben

Wer in schlechter körperlicher Verfassung ist oder sich ständig in überheizten und schlecht gelüfteten Räumen aufhält, ist besonders anfällig für Erkältungen. Seine Widerstandskraft ist geschwächt. Abhärtung ist die beste Schutzmöglichkeit gegen Erkältungen, die gerade bei nasskaltem Wetter häufig auftreten. Abhärtung bedeutet, den Körper auch an niedrigere Temperaturen zu gewöhnen, vor allem aber an den für viele gefährlichen Wechsel zwischen warm und kalt. Die natürlichste Form ist die tägliche Bewegung an der frischen Luft, und zwar bei jedem Wetter. Auch Wasser spielt bei der Abhärtung eine große Rolle. Wechselduschen und Wechselfußbäder lassen sich ohne Probleme durchführen. Schließlich fördert auch eine sinnvolle Ernährung die körpereigenen Abwehrkräfte. Der häufige Genuss von frischem Gemüse und Obst kann entscheidend dazu beitragen, die Gesundheit zu bewahren.

8. Fremdwörter

Fremdwörter erkennt man meistens recht gut an einigen Merkmalen, die ihre Herkunft aus fremden Sprachen noch deutlich anzeigen. Diese sind z.B. eine fremdartige Lautung *(Garage, Jeans, Match)*, eine fremde Schreibung *(Theater, Charakter, Sympathie)* bzw. besondere Endungen *(Information, Prospekt, Studium)*. Auch eine besondere Betonung kann ein Hinweis auf ein Fremdwort sein; im Deutschen betonen wir meistens die erste Silbe im Wortstamm *(Flügel)*, in Fremdwörtern dagegen: *Büro, Diktat, privat.*
Die Fremdwortschreibungen sind deshalb so vielgestaltig, weil Fremdwörter zu allen Zeiten und aus vielen Sprachen in den deutschen Wortschatz gelangt sind, z.B. aus dem Lateinischen, Griechischen, Französischen, Italienischen, Englischen und den slawischen Sprachen.
Bei einer Reihe von Fremdwörtern, die häufig gebraucht werden, kommt es zunehmend zu einer Annäherung an deutsche Schreibweisen:
Foto, Fotografie (auch: *Photographie), Fotokopie, Mikrofon* (auch: *Mikrophon), Friseur* (auch: *Frisör), Ski* (auch: *Schi), Sketsch* (auch: *Sketch).*
Die Rechtschreibreform hat dieser Tendenz zur Eindeutschung dadurch Rechnung getragen, dass auch bei einer Reihe von weiteren Wörtern die eingedeutschte (= integrierte) Schreibweise als Nebenform zu der Fremdwortschreibung tritt oder die integrierte Form zur Hauptvariante wird.
Bei den folgenden Beispielen steht immer die Hauptvariante an der ersten Stelle.

ai oder ä:	*Dränage,* auch *Drainage; Polonäse,* auch *Polonaise; Majonäse,* auch *Mayonnaise*
aie oder ee:	*Portmonee,* auch *Portemonnaie*
au oder o:	*Soße,* auch *Sauce*
c oder ss:	*Facette,* auch *Fassette; Necessaire,* auch *Nessessär*
e/ee oder ee:	*Exposee,* auch *Exposé; Kommuniqué,* auch *Kommunikee, Varietee,* auch *Varieté*
ch oder sch:	*Ketschup,* auch *Ketchup; Chicorée,* auch *Schikoree*
gh oder g:	*Joghurt,* auch *Jogurt: Spaghetti,* auch *Spagetti*
ph oder f:	*Geographie,* auch *Geografie; Orthographie,* auch *Orthografie; Megaphon,* auch *Megafon; Delphin,* auch *Delfin*
qu oder k:	*Kommuniqué,* auch *Kommunikee*
rh oder h:	*Katarrh,* auch *Katarr; Myrrhe,* auch *Myrre*
th oder t:	*Panther,* auch *Panter; Thunfisch,* auch *Tunfisch*
t oder z:	*potentiell,* auch *potenziell; substantiell,* auch: *substanziell*

R 1
Besonders viele Fremdwörter sind in neuerer Zeit aus dem Englischen in die deutsche Sprache übernommen worden. Sie enthalten charakteristische Buchstabenkombinationen, z.B. *sh, ea, y.*

Show, Shorts;
Jeans, Team;
Hobby, Party,
Camping,
Bodybuilding,
Comeback

R 2
Auch Fremdwörter aus dem Französischen haben charakteristische Bestandteile, wie *eur, age, ee* usw.

Amateur, Ingenieur,
Garage, Etage;
Gelee, Armee

R 1 Fremdwörter aus dem Englischen mit der Endung *y*, die in den englischen Wörtern den Plural *-ies* haben, werden im Plural der deutschen Wörter nur mit *s* geschrieben:

Hobbys, Partys, Babys, Ladys.

R 2 Bei einigen Wörtern mit diesen Endungen gibt es nach der Rechtschreibreform Schreibungen mit fremdsprachlicher und integrierter Form nebeneinander:

Friseur – Frisör, Dränage – Drainage, Exposé – Exposee, Varieté – Varietee.

1 Ordne die folgenden Fremdwörter aus dem Englischen nach den charakteristischen Bestandteilen und schreibe die Wörter in dein Heft. Beachte ihre Aussprache. Schlage, wenn nötig, ihre Bedeutung im Wörterbuch nach.

Show Team Baby Jazz Jeans Dealer
Pony Shop Hobby Camping Shorts
T-Shirt Match Band Gangster City Party

ea (= i)	sh (= sch)	y (= i)	a (= ä)

2 Setze die folgenden Wortbestandteile mit den richtigen Endungen zusammen. Schreibe die Wörter auf. Schlage – wenn nötig – ihre Aussprache und Bedeutung im Wörterbuch nach.

Ingeni	Tabl	eur
Mont	Tourn	ette
Spion	Zigar	age
Etik	Toil	ee
Gar	All	
Kass	Klisch	
Redakt	Blam	
Kaff	Et	

3 Löse das Silbenrätsel. Schreibe die Lösungswörter in dein Heft.

by – des – e – ge – hob – jeans – kas – kli – kom – me – ment – ning – nü – pli – rant – re – schee – sert – set – stau – ta – te – trai

1. blaue Baumwollhose
2. Nachtisch
3. Liebhaberei, Steckenpferd
4. Speisenfolge
5. verschließbares Kästchen
6. Sportübung
7 Stockwerk
8. Gaststätte
9. höfliche Äußerung
10. Nachahmung, Abklatsch

R 3	
In Fremdwörtern stehen häufig die Schreibweisen *ph* und *th*, selten auch *rh*, die aus dem Griechischen stammen.	Phase, Phänomen, Atmosphäre, Thema, Theorie, Rhythmus, Rheuma

R 4	
Häufige Wortteile in Fremdwörtern sind auch: *-archie*, *-gramm, -logie, mono- und -skop*; diese Wortteile stammen aus dem Griechischen.	Monarchie, Anarchie, Autogramm, Diagramm, Biologie, Astrologie, Monolog, Monopol, Mikroskop, Horoskop

R 3 Bei den Fremdwörtern mit den Bestandteilen ***phon, phot*** und ***graph*** gibt es neben den fremdsprachlichen Schreibweisen auch die integrierten Schreibweisen.

Mikrophon und *Mikrofon*
Graphik und *Grafik*
Photographie und *Fotografie*
Orthographie und *Orthografie*

Die Wörter *Delphin* und *Phantasie, Panther* und *Thunfisch* kommen auch in der integrierten Schreibweise vor:

Delfin, Fantasie, Panter, Tunfisch.

Telefon (telefonieren) wird nur noch in der integrierten Form geschrieben.

Die Fremdwörter, die in den Fachwortschätzen der Wissenschaften und als sog. Bildungswörter verwendet werden, schreibt man dagegen nach wie vor ausschließlich in der fremdsprachlichen Schreibweise:

Philosophie, Philologie, Metapher, Sphäre, Phlegma, Theologie, Theorie, Milieu, Computer.

1 Schreibe die Wörter in dein Heft, indem du die richtigen Buchstaben (*th, ph, rh*) ergänzt. Einige Wörter können auch in eingedeutschter Form geschrieben werden. Ordne sie nach der Schreibweise in die Tabelle ein.

Al___abet – ___y___mus – Katastro___e – Paragra___ – ___euma – Hypo___ek – As___alt – Trium___ – Biblio___ek – Stro___e – A___let – Ma___ematik – Gra___it – Sympa___ie – ___ema – Apo___eke – Pro___et – Biogra___ie – Or___ogra___ie – ___erapie – ___iloso___ie – ___eorie

th	ph/f	rh

2 Baue aus den Wortteilen Fremdwörter auf und ordne sie den angegebenen Wortbedeutungen zu. Schreibe die Lösungswörter in dein Heft.

	Hier	
Mon	archie	An

	Tele	
Pro	gramm	Auto

	Ortho	
Bio	graphie	Steno
	grafie	

1. eigenhändig geschriebener Name
2. Gesetzlosigkeit, Chaos
3. Lebensbeschreibung
4. Folge von Darbietungen, z.B. im Fernsehen
5. Rechtschreibung
6. Staatsform mit gekröntem Oberhaupt
7. fernschriftliche Mitteilung
8. Kurzschrift
9. Rangfolge, Stufenfolge

3 Ordne die folgenden Wörter nach Auslauten oder Endsilben. Schlage ihre Bedeutung – wenn nötig – im Wörterbuch nach. Schreibe sie – nach der Ordnung der Tabelle – in dein Heft.

Spedition – Projekt – Opposition – Kritik – direkt – Isolation – Information – explosiv – Dialekt – Akkusativ – Aspekt – Fabrik – attraktiv – Station – Kaution – Passiv – Kommunikation – objektiv – Auktion

-kt	-ik	-ion	-iv
Projekt			

R 5 Viele Fremdwörter enthalten die Vorsilben *kom-, kon-, sym-, syn-.*	kompakt, Kommunikation, Konferenz, Kontakt, Symbol, Sympathie, Synthese
R 6 In Fremdwörtern wird der *k*-Laut am Wortanfang häufig mit *c*, manchmal auch mit *ch* geschrieben.	Computer, clever, Comic, Creme, Chemie, Chaos
R 7 Im Wortinneren oder am Wortende von Fremdwörtern wird der *k*-Laut meist mit einfachem *k* geschrieben.	Tabak, Streik, Republik, Dialekt, Insekten, effektiv

1 Ordne den Fremdwörtern die richtige Bedeutung zu. Schreibe dann die Fremdwörter mit ihrer Bedeutung auf. Beispiel: *komplett (vollständig)*

komplett	?	Verschwörung	Konjunktion	?	Zuneigung
Konsum	?	Verknüpfung	Konferenz	?	Wettbewerb
Symbol	?	Erdteil	Sympathie	?	Bindewort
Kontinent	?	Verbrauch	konkret	?	Verhandlung
Kombination	?	vollständig	Konkurrenz	?	anschaulich
Konkurs	?	Sinnbild	Kontakt	?	Gegensatz
Komplott	?	Zahlungs-unfähigkeit	Kontrast	?	Verbindung

2 Setze die Fremdwörter richtig ein, schreibe die Sätze auf.

Cowboy – Chaos – Computer – Charakter – Chor – Clown – Couch

Die Gäste saßen auf der __________ und unterhielten sich. – Viele Angestellte in den Büros arbeiten heute mit einem __________. – In Westernfilmen darf der __________ nicht fehlen. – Nach der Explosion entstand auf dem Markt ein __________. – Mit dieser selbstlosen Tat hat er seinen guten __________ bewiesen. – Der __________ der Schule sang zum Abschluss einige Lieder. – Während der Pausen wurden die Zuschauer im Zirkus durch zwei __________ unterhalten.

3 Setze die Wortbestandteile – passend zu den Bedeutungen – zusammen.

1. tätig, unternehmend
2. Nachdruck, Betonung
3. Internationales Computernetzwerk
4. Anteilschein an einem Unternehmen
5. zeitgemäß, zeitnah
6. Wesensart, Eigenart
7. Arzt
8. Beurteilung, Tadel
9. Zuschauer, Zuhörer
10. Kunstfertigkeit, maschinelles Verfahren

AK	IN	TIE
NET	ZENT	AK
AK	TIV	TU
AK	TER	ELL
PUB	DOK	LI
CHA	KRI	TOR
TIK	RAK	NIK
KUM	TECH	TER

R 8
Viele Fremdwörter weisen die Endung *-ieren* auf.

gratulieren,
spazieren,
charakterisieren

Fremdwörter, die dir häufiger begegnen werden:

aggressiv	Fantasy	Medien
attraktiv	Feeling	Mountainbike
Apparat	Freak	Notebook
Allergie	Gameboy	passieren
alternativ	Gentechnik	Piercing
Anorak	Globalisierung	Polizist
Benzin	Graffiti	Problem
Bestseller	gratulieren	Produkt
Biotop	Gymnasium	Programm
Breakdance	Handikap	Recycling
Champion	Handy	Respekt
Chance	Hardware	Rhythmus
Charakter	Industrie	Scanner
Chip	Information	Skateboard
Collage	Insider	Software
Comic	Internet	Solarenergie
Computer	interessieren	Sound
Crew	Jeans	Spaceshuttle
Diskette	Jogging	Stunt
diskutieren	Joystick	Techno
Doktor	Kassette	Technologie
Doping	Kommunikation	Telefon
Eishockey	Konflikt	Theater
emotional	Konkurrenz	Toilette
experimentieren	Leggings	Tourismus
Fabrik	Lexikon	Videorekorder
Fastfood	Maschine	Werbespot

1 Bilde aus den Nomen mit Hilfe der Nachsilbe *-ieren* Verben. Schreibe die Wörter auf.

Adresse	Diktat	-ieren
Dressur	Training	
Friseur	Fotografie	
Ignoranz	Interesse	
Radiergummi	Transport	
Notizen	Diskussion	
Korrektur	Kritik	
Reparatur	Studium	
Information	Illustration	

2 Die folgenden Bedeutungen werden durch Verben mit der Endung *-ieren* ausgedrückt. Schreibe die Verben in dein Heft.

etwas auf Hochglanz bringen	po	lieren
einen Text vorsagen	di	
sich in einer Sportart üben	tr	
etwas benoten	ze	
etwas nachprüfen	ko	
fernmündlich sprechen	te	
etwas wieder in Ordnung bringen	re	
etwas kurz aufschreiben	no	
Einwände erheben, tadeln	kr	
absichtlich nicht beachten	ig	

3 Arbeitsvorschläge zu der Wörterliste auf S. 124.

a) Markiere in der Liste die Wörter, die für dich schwierig zu schreiben sind.
b) Schreibe diese Wörter aus der Liste heraus und lasse sie dir diktieren.
c) Verwende die Wörter, die dir jetzt noch Schwierigkeiten bereiten, in einem kurzen Satz.
d) Suche in jeder Spalte zu Wörtern andere Wortformen bzw. verwandte Wörter: *aggressiv – Aggression, attraktiv – Attraktion.*

Überprüfe dein Können. Schreibe die folgenden Texte nach Diktat.

In Sekunden um die ganze Welt

Es ist gar nicht so kompliziert zu erklären, was das Internet ist. Mit Hilfe dieses elektronischen Netzwerks ist heute der Sprung von Kontinent zu Kontinent möglich, denn durch das Internet können Computer auf der ganzen Welt miteinander verbunden werden. Diese weltweite Kommunikation funktioniert mit Hilfe von Telefonleitungen, Kabeln und Satelliten im Weltraum. Damit man vom eigenen Computer eine Verbindung zum Internet herstellen kann, braucht man ein Modem, das an die Telefonleitung angeschlossen ist. Dieser Apparat schickt dann die Signale des Computers über das Telefon ins Internet. Auf diese Weise ist heute dieses elektronische Netzwerk schon zu einem Massenmedium geworden, das den Einzelnen in seiner Wohnung mit einer Vielzahl von Adressen verbindet.
Es gibt auch Schulen, in denen Schüler und Schülerinnen ihre elektronischen Briefe in den Computer tippen und für Referate im Internet nach Informationen suchen. Ihnen macht es dann auch Spaß, durchs Internet zu surfen und exotische Länder zu besuchen. Schüler und Schülerinnen in aller Welt können so Kontakt miteinander aufnehmen und über interessante Themen kommunizieren.

Werbung

In Inseraten, Prospekten und Werbespots im Fernsehen oder Radio prasseln heute fast pausenlos Werbebotschaften auf die Adressaten ein. Natürlich unterscheiden sich dabei die eingesetzten Texte und Mittel voneinander – je nach den Produkten, für die geworben wird, und den Medien, in denen die Botschaften transportiert werden. In den Printmedien haben Bilder eine wichtige Funktion, um die Aufmerksamkeit der Adressaten zu wecken; auch die Slogans und die Qualität der formulierten Texte ist von Bedeutung. Bei den Werbespots im Fernsehen ist besonders die Attraktivität der dargestellten Personen und die Wirkung der eingesetzten Musik wichtig. Hier greifen die Werbeagenturen gern auf die Popularität von Personen und Idolen aus dem Sport, der Musikszene und der Unterhaltungsindustrie zurück.
Allerdings müssen heute Werbemanager immer neue Ideen und Strategien entwickeln, damit sich die vorgestellten Produkte im Bewusstsein des Publikums von der Fülle ähnlicher Artikel unterscheiden. Dennoch versuchen sich viele Menschen der Manipulation durch die Werbung dadurch zu entziehen, dass sie die Inserate in den Printmedien und die Werbespots im Fernsehen ignorieren.

Zeichensetzung

Überblick über die Satz- und Wortzeichen

Die in der deutschen Schrift verwendeten Zeichen sind bezogen auf

den Satz (Satzzeichen)

- Punkt .
- Fragezeichen ?
- Ausrufezeichen !
- Komma ,
- Strichpunkt (Semikolon) ;
- Doppelpunkt :
- Anführungszeichen „ “
- Gedankenstrich – –
- Klammern ( )
- Auslassungspunkte ...

das Einzelwort („Wortzeichen“)

- Bindestrich
Dehnungs-h, Geschwister-Scholl-Straße
- Ergänzungsstrich
Kinder- und Jugendbücher
- Trennungszeichen (Bindestrich)
Frei-tag, ges-tern, wa-ren
- Auslassungszeichen (Apostroph)
Wie geht's?
- Schrägstrich
50 km/h
Schuljahr 1996/97
- Punkt
Jg., z.B., Tel.
- Auslassungspunkte
Scher dich zum T...

Hinweise

In der Übersicht zur Zeichensetzung (S. 127) sind in der linken Spalte die zehn Zeichen aufgeführt, die sich auf den Satz beziehen und diesen oder einzelne Teile des Satzes gliedern. Von den **Satzzeichen** werden in der Übersicht die Zeichen unterschieden, die an Einzelwörter gebunden sind. Man könnte sie **„Wortzeichen“** nennen.

Die **Satzzeichen** haben verschiedene Aufgaben. Sie dienen
- zur Kennzeichnung des Satzschlusses, wie der Punkt, das Fragezeichen und das Ausrufezeichen;
- zur Gliederung der Sätze im Inneren, wie das Komma, das Semikolon, der Doppelpunkt, der Gedankenstrich, die Klammern;
- zur besonderen Kennzeichnung oder Hervorhebung von Textteilen, wie die Anführungszeichen;
- zur Kennzeichnung ausgelassener Textteile, wie die Auslassungspunkte.

Auch die **„Wortzeichen“** haben sehr verschiedene Funktionen, indem sie
- Wörter und Einzelbuchstaben miteinander verbinden oder die Trennung eines Wortes am Zeilenende anzeigen, wie der Bindestrich bzw. der Trennungsstrich;
- ausgelassene gemeinsame Bestandteile kennzeichnen, wie der Ergänzungsstrich;
- ausgelassene Buchstaben anzeigen, wie der Apostroph oder die Auslassungspunkte;
- abgekürzte Wörter kennzeichnen, wie der Punkt;
- Wörter bzw. Abkürzungen als zusammengehörig vermerken, wie der Schrägstrich.

Bei der Übersicht wird auch deutlich, dass wir bestimmte Zeichen jeweils für verschiedene Funktionen verwenden. Der Bindestrich, der die Zusammengehörigkeit von Wörtern anzeigen kann *(Katz-und-Maus-Spiel, Albrecht-Dürer-Platz),* wird auch als Trennungszeichen verwendet, wenn am Zeilenende ein Wort getrennt werden soll. Er dient aber auch als Ergänzungsstrich zur Kennzeichnung eines gemeinsamen Bestandteiles von Wörtern *(Kinder- und Jugendliteratur).* Der Punkt wird sowohl als Satzschlusszeichen als auch als Abkürzungszeichen in Wörtern gebraucht. Die Auslassungspunkte kennzeichnen sowohl ausgelassene Teile von Wörtern als auch ausgelassene ganze Wörter und Textteile in Sätzen und Texten.
Verschiedene Satzzeichen haben auch gleiche oder ähnliche Funktionen. So kann an vielen Stellen zwischen Teilsätzen entweder ein Semikolon oder ein Komma oder ein Punkt stehen. Es ist vom Schreiber abhängig, ob er z.B. zwischen den beiden Sätzen *(Ich fahre bald in den Urlaub/ich bin ziemlich erschöpft.)* einen Strichpunkt *(Semikolon)* oder ein Komma setzt. Schließlich

könnten auch beide Sätze mit Punkt abgeschlossen werden. Der Schreiber kann sich z.B. auch entscheiden, ob er nachgetragene Teile in einem Satz in Kommas, in Gedankenstriche oder in Klammern einschließen will:
Letztes Jahr/es war an einem Dienstag im April/nahm das Verhängnis seinen Anfang.
Letztes Jahr, es war an einem Dienstag im April, nahm das Verhängnis seinen Anfang.
Letztes Jahr – es war an einem Dienstag im April – nahm das Verhängnis seinen Anfang.
Letztes Jahr (es war an einem Dienstag im April) nahm das Verhängnis seinen Anfang.

Die meisten Satzzeichen, wie z.B. das Komma, werden nach grammatischen Gesichtspunkten gesetzt, z.B. Trennung gleichgeordneter Satzglieder und Trennung von Hauptsatz und Nebensatz. Wenn man die Zeichensetzung besser beherrschen will, muss man also etwas vom grammatischen Aufbau von Sätzen wissen.
Insbesondere bei der Darstellung der Zeichensetzung ist es in diesem Buch notwendig gewesen, die Zahl der Regeln und Festlegungen möglichst zu beschränken und auf wesentliche und häufiger begegnende Schwierigkeiten zu konzentrieren.

9. Komma

Die wichtigsten Kommaregeln auf einen Blick

Das Komma steht

- zwischen unverbundenen und mit bestimmten Konjunktionen wie *denn, aber, doch* verbundenen Hauptsätzen (Satzreihe)

  Stefan putzt sein Rad, Udo bastelt. Das Kind weint, denn es hat sich gestoßen. Das Wasser stieg immer höher, aber der Damm hielt.

- zwischen Haupt- und Nebensatz (Satzgefüge)

  Als wir kamen, war er schon abgereist. Er glaubte, dass er gewinnen könnte. Er kaufte das Fahrrad, das ihm gefallen hatte, sehr teuer ein.

- zwischen einem Nebensatz und einem weiteren (untergeordneten) Nebensatz

  Wir glauben, dass er kommt, weil er sehr neugierig ist.

- bei Aufzählungen von Wörtern und Satzgliedern

  Mein Hund hat ein glattes, dunkles, mattglänzendes Fell. Ich aß ein Stück Brot, zwei Äpfel und eine Birne.

- bei hervorgehobenen Anreden, Ausrufen, Bejahung/Verneinung, Bekräftigung oder Bitten

  Klaus, bist du es? Ach, das geht doch nicht! Nein, so haben wir nicht gewettet! Tatsächlich, er kommt. Danke, das ist genug.

- bei nachgestellten Beifügungen (Appositionen) und nachgetragenen Erklärungen

  Frank, mein Bruder, spielt Hockey. Ich komme heute, und zwar allein.

Hinweise

Das Komma macht in erster Linie den grammatischen Aufbau von Sätzen deutlich; es hat aber auch die Aufgabe, beim Sprechen von Sätzen Pausen zu bezeichnen. Beide Aufgaben lassen sich nicht immer in Einklang bringen. Auch deshalb ist die richtige Verwendung des Kommas ein Problem.

Die Rechtschreibreform hat besonders diesen fehlerträchtigen Bereich der Zeichensetzung vereinfacht und es teilweise in das Ermessen des Schreibers gestellt, ob er in bestimmten Fällen ein Komma setzt oder nicht.
In einer früheren Untersuchung zur Fehlerhäufigkeit bei der Kommasetzung wurde die Anwendung des Kommas in Satzgefügen, also zwischen Haupt- und Nebensätzen, als sehr fehlerträchtig erwiesen. Fehler kamen hier besonders häufig vor bei

- Gliedsätzen mit zeitlicher Bestimmung (temporale Gliedsätze): *Als wir kamen, war er schon abgereist.*
- dass-Sätzen: *Er glaubte, dass er gewinnen könnte.*
- Relativsätzen: *Er kaufte das Fahrrad, das ihm so gut gefallen hatte.*

Wichtig für die Kommasetzung ist deshalb die Unterscheidung zwischen den beiden Satzarten *Hauptsatz* und *Nebensatz.* Woran man diese erkennen kann, wird durch Hinweise zu den Regeln auf den folgenden Seiten erläutert.
In der Grammatik unterscheidet man bei den Nebensätzen zwischen *Gliedsätzen* (auch als *Konjunktionalsätze* bezeichnet) und *Attributsätzen,* die auch *Relativsätze* genannt werden. Gliedsätze werden meist durch Bindewörter (Konjunktionen), wie *dass, weil, als, wenn, nachdem* usw. eingeleitet.
Am Beginn von Relativsätzen stehen dagegen meist bezügliche Fürworter (Relativpronomen), wie *der, die, das, dem, den* usw. Nebensatz ist also der Oberbegriff zu *Gliedsätzen* und *Attributsätzen* (*Relativsätzen*).

Nebensatz

Gliedsatz
(Konjunktionalsatz)

Weil er stürzte, verletzte er sich.

Attributsatz
(Relativsatz)

Ich half dem Jungen, der gestürzt war.

R 1
Das Komma steht zwischen Hauptsätzen, wenn diese unverbunden sind oder durch Konjunktionen, wie *aber, denn, doch*, miteinander verbunden werden.

Stefan putzt sein Rad, sein Bruder spielt Ball. Stefan ist wütend, aber sein Bruder lacht nur. Dann vertragen sie sich wieder, denn eigentlich mögen sie sich.

R 1 Um die Kommas bei gereihten Sätzen (Satzreihen) richtig einsetzen zu können, ist es wichtig, die Hauptsätze als solche zu erkennen.

Vollständig sind Hauptsätze dann, wenn sie sowohl ein Subjekt als auch ein Prädikat haben.

Stefan putzt sein Rad, sein Bruder spielt Ball.
↑ ↑ ↑ ↑
Subjekt Prädikat Subjekt Prädikat

Das Komma steht vor den mit *aber, denn* oder *doch* verbundenen Hauptsätzen. Bei den mit ***und*** oder ***oder*** verbundenen Hauptsätzen setzt man dagegen ***kein*** Komma.

Stefan putzt sein Rad und sein Bruder spielt währenddessen Ball.
Die meisten Kinder spielten am Nachmittag Tischtennis oder sie vertieften sich in ein spannendes Buch.

Auch Frage- und Aufforderungssätze sind Hauptsätze, so dass für sie dasselbe gilt wie für Aussagesätze:

Wollt ihr heute Nachmittag ausgehen oder arbeitet ihr an eurem Referat?
Sei doch nicht so halsstarrig und gib endlich nach!

Um Missverständnisse zu vermeiden oder um dem Leser die Gliederung des Satzes zu verdeutlichen **kann** der Schreiber allerdings auch vor den Konjunktionen *und* oder *oder* ein Komma setzen:

Die Erwachsenen bestaunten den Sonnenuntergang(,) und die Kinder spielten mit Murmeln.
Das Mädchen wartete auf seinen Freund(,) und ihre Mitschülerinnen waren auch schon ganz ungeduldig.

1 In dem folgenden Text findest du mehrere gereihte Hauptsätze. Überprüfe jeweils, ob vollständige Hauptsätze vorliegen, und setze die erforderlichen Kommas.

(1) Das Wetter hielt sich im Urlaub gut mit den Zimmern waren wir sehr zufrieden.
(2) Zwei Tage lang war es leicht bedeckt aber am dritten Tag hatten wir einen wolkenlosen Himmel.
(3) Bei der Wanderung verstauchte sich ein Kind den Knöchel des rechten Fußes und musste getragen werden.
(4) Manche Gäste besuchten am Abend den Farbdiavortrag denn sie bekamen dadurch viele Anregungen für ihren Urlaub.
(5) Am letzten Tag feierten wir gemeinsam auf einer Hütte Abschied und tauschten unsere Adressen aus.
(6) Uns hat es in dem Ferienort recht gut gefallen doch im nächsten Jahr wollen wir eine andere Landschaft kennen lernen.

2 Verbinde in dem folgenden Text jeweils zwei Sätze miteinander. Überlege, wo du die Bindewörter *und, oder, aber, denn* einsetzen kannst.

Mein Bruder ging schwimmen.	Ich begleitete ihn.
Fahren wir in den Ferien nach München?	Machen wir Urlaub an der Nordsee?
Wir hoffen auf gutes Wetter.	Wir wollen viel im Freien unternehmen.
Heute würde ich gerne faulenzen.	Es sind noch viele Reisevorbereitungen zu treffen.
Wir wollten noch viel mehr Kleidung mitnehmen.	Die Koffer sind bereits voll.
Das Reisefieber hat uns schon gepackt.	Wir freuen uns sehr auf den Urlaub.

3 Seltsame Verhältnisse!
Schreibe die Texte auf, indem du die Kommas richtig einsetzt.

Zehn Finger hab ich an jeder Hand
sind es fünf und zwanzig Zehen
und Finger hab ich zusammen.
Zehn Zehen hab ich an jedem Fuß
sind es fünf und zwanzig Finger
und Zehen hab ich zusammen.

Der Bäcker backt Brot und Häuser
mauert der Maurer die Pflanzen
gießt der Gärtner die Kühe
melkt der Bauer die Post
bringt der Postbote den Kamin
fegt der Schornsteinfeger.

R 2
Ein Komma steht zwischen Haupt- und Nebensatz. Wird der Nebensatz in den Hauptsatz eingeschlossen, so steht vor und nach dem Nebensatz ein Komma.

Peter ruht aus, weil er müde ist. Bis sie kommt, spielen wir Karten.
Der Schmuck, den du trägst, gefällt mir gut.

R 2 Die Verbindung von Haupt- und Nebensatz nennt man **Satzgefüge.** Um das Komma richtig setzen zu können ist es wichtig, den Nebensatz zu erkennen.

Den Nebensatz erkennt man daran, dass in ihm ein **Einleitewort** am Anfang und die **Personalform des Prädikats** am Ende steht.

*Peter ruht aus, **weil** er müde **ist.***

↑ Einleitewort ↑ Prädikat (Personalform)

Die **Einleitewörter** des Nebensatzes können z.B. sein:

- eine Konjunktion (Bindewort): *weil, dass, nachdem, wenn, bis, obwohl, während, sooft usw.,*
- ein Relativpronomen (bezügliches Fürwort): *der, die, das, dem, den, dessen,*
- ein anderes Pronomen oder Adverb: *wer, wem, wen, wo, wann, womit, woher, warum.*

Nebensätze können auch ohne Einleitewort vorkommen. Sie lassen sich dann aber in Nebensätze mit Einleitewort umformen:

***Kommt er rechtzeitig,** gehen wir ins Kino.*

↓

***Wenn er rechtzeitig kommt,** gehen wir ins Kino.*

1 Suche zu den Hauptsätzen die passenden Nebensätze.

Ein lustiger Geburtstag

Die Jungen spielten Fußball –	über die es sich sehr freute.
Einige Kinder tranken so viel Limonade –	weil er sein Eis verlor.
Das Geburtstagskind bekam viele Geschenke –	bis sie müde wurden.
Jochen grillte die Würstchen so lange –	dass sie Bauchschmerzen bekamen.
Klaus schimpfte laut –	als diese am Zaun hängen blieb.
Hans zerriss seine Hose –	bis sie fast verbrannten.

2 Setze beim Abschreiben die Kommas richtig ein. Unterstreiche in den Nebensätzen das Einleitewort und die Personalform des Prädikats.

Wenn ich in das Ferienlager fahre nehme ich meinen neuen Fotoapparat mit. Ich habe mir auch schon leichte Wanderschuhe gekauft weil wir oft unterwegs sein wollen. Nach unserer Ankunft im Ferienlager werde ich meinem Freund eine Ansichtskarte schreiben. Ich weiß über die Gegend gut Bescheid da ich schon einmal dort gewesen bin. Die Abendstunden können wir mit interessanten Spielen verbringen. Sooft es möglich ist wollen wir zum Baden an den nahen See gehen. Es wird wohl nicht lange dauern bis wir uns im Ferienlager eingewöhnt haben.

3 Ordne die Satzgefüge dieses Textes nach den drei Satzmustern.

1	2	3
Hauptsatz, Nebensatz	Nebensatz,Hauptsatz	Hauptsatz, Nebensatz, Hauptsatz.

Damit auf manchen Flüssen Schiffe fahren können, staut man an mehreren Stellen das Wasser auf. Dort sind Schleusen gebaut, so dass die Schiffe passieren können. Die Schleusenkammer, in die die Schiffe fahren, wird durch zwei Schleusentore begrenzt. Wenn ein Schiff flussaufwärts fährt, öffnet sich das untere Tor. Sobald sich das Schiff in der Schleusenkammer befindet, schließt sich das Tor. Dann werden die Schütze geöffnet, so dass Wasser in die Kammer strömt. Wenn der Wasserstand die Höhe des Flusses oberhalb der Schleuse erreicht hat, wird das obere Tor geöffnet. Dann verlässt das Schiff, das angehoben wurde, die Schleusenkammer.

R 3
Infinitivgruppen und Partizipgruppen können mit Komma abgetrennt werden, wenn der Schreiber Missverständnisse vermeiden oder dem Leser die Gliederung des Satzes verdeutlichen will.

Du vergisst hoffentlich nicht(,) deinen Geburtstag auch groß zu feiern. Er boxte ihn(,) durch seinen Spott wütend gemacht.

R 4
Werden Infinitivgruppen durch ein hinweisendes Wort im Satz angekündigt oder später wieder aufgenommen, so muss ein Komma stehen.

Unsere Absicht ist **es**, dich in den nächsten Ferien zu besuchen. Wir denken bestimmt **daran**, euch das Buch bald mitzubringen. Beim Wettschwimmen einen der vorderen Plätze zu erreichen, **das** ist unser sehnlichster Wunsch.

R 3/4 Nicht jeder Infinitiv und jedes Partizip, die durch Wörter erweitert sind, müssen nach dieser Regel durch Komma abgetrennt werden, wie das vor der Rechtschreibreform der Fall war.

Vor dem Urlaub werden wir uns auf jeden Fall noch einmal treffen ***um unsere Fahrtroute festzulegen.***
Ziemlich verzweifelt und vom Regen durchnässt beendeten sie ihre Radtour.

Hier hat der Leser keine Schwierigkeiten den Sinn des Satzes beim ersten Lesen zu verstehen. Deshalb besteht keine Notwendigkeit ein Komma zu setzen.

Man sollte bei den Infinitiv- und Partizipgruppen also vor allem dann ein Komma setzen, wenn Missverständnisse verhindert werden sollen.

? ?
Der Schüler versprach(,) seinem Klassenkameraden (,) in der Arbeitsgruppe zu helfen.

Auch bei der Ankündigung oder Wiederaufnahme der Infinitivgruppe durch ein hinweisendes Wort ist das Setzen eines Kommas notwendig.
In den Beispielsätzen der Regel **4** weisen die Wörter **es, daran** und **das** auf die Infinitivgruppe hin.

1 Überlege beim Lesen der Sätze jeweils, ob die Infinitivgruppen durch Komma abgetrennt werden sollten um Missverständnissen vorzubeugen.

Sie überredeten ihn das Geschenk anzunehmen. – Er fährt an die Nordsee um gesund zu werden. – Einige glauben das Spiel schon gewonnen zu haben. – Wir trainieren hart um an dem Wettbewerb noch teilnehmen zu können. – Alle versprachen feierlich sich an die Spielregeln zu halten. – Im Gespräch versuchte mein Bruder uns immer wieder für seinen Plan zu gewinnen. – Manche Menschen scheuen keinen Aufwand um ihre Vorstellungen durchzusetzen.

2 Verkürze die folgenden *dass-* und *damit-*Sätze, indem du sie in Infinitivgruppen umformst.
Schreibe die Sätze auf und entscheide, ob du ein Komma setzen willst.
Ich bat meine Schwester mir beim Packen zu helfen.

Ich bat meine Schwester, dass sie mir beim Packen helfen sollte.
Sie versicherte mir, dass sie keine Zeit habe.
Ich legte mir eine Liste an, damit ich nichts vergaß.
Ich nahm mir vor, dass ich einen Teil meines Gepäcks schon vorher zum Bahnhof bringen wollte.
Ich hoffte, dass ich mit allen Gepäckstücken am Urlaubsort ankommen würde.

3 Überlege dir beim Lesen der Sätze, ob bzw. wo du die Wortgruppen mit dem Partizip durch Kommas abtrennen willst.
Kennzeichne jeweils die Partizipgruppe in den Sätzen.

Mit den Füßen vorsichtig auftretend prüfte er die Dicke des Eises.
Er machte aus vollem Hals schreiend auf sich aufmerksam.
Heftig winkend lief er der herannahenden Lokomotive entgegen.
Ein fröhliches Lied singend zog die Jugendgruppe am Ufer entlang.
Er ging aus dem Urlaub zurückgekehrt sofort an die Arbeit.
Er folgte der Spur den Blick fest auf den Boden geheftet.

4 Setze beim Aufschreiben der folgenden Sätze die erforderlichen Kommas.
Beachte dabei die Informationen der Regel 4!

Unsere liebste Beschäftigung war es mit dem Boot im Wind zu kreuzen. – Den Urlaub eine Woche zu verlängern daran war leider nicht zu denken. – Wir versäumten es die Eintrittskarten für das Rockkonzert rechtzeitig zu bestellen. – Das Spiel mit Pauken und Trompeten zu verlieren das hatte uns noch gefehlt.

R 5
Ein Komma steht, wenn einem Nebensatz noch ein weiterer Nebensatz untergeordnet ist.

Wir glauben, dass er kommt, weil er sehr neugierig ist.

R 6
Kein Komma steht, wenn zwei Nebensätze nebengeordnet sind und zwischen ihnen die Konjunktion (Bindewort) *und* bzw. *oder* steht.

Wir glauben, dass er kommt und dass er uns etwas mitbringt.
Christine lacht, während Peter sich ärgert und Frank wütend ist.

R 5 Hier liegen zwei Nebensätze (Gliedsätze) vor, die unterschiedliche Einleitewörter haben (= Nebensätze unterschiedlichen Grades).

Man muss deshalb besonders auf die Einleitewörter der Nebensätze achten:

Wir glauben, dass er kommt, weil er neugierig ist.

↑ Einleitewort ↑ Prädikat (Personalform) ↑ Einleitewort ↑ Prädikat (Personalform)

R 6 Nebengeordnete Nebensätze haben das gleiche Einleitewort (= Nebensätze gleichen Grades).

Das zweite Einleitewort kann auch weggelassen werden.

Wir glauben, dass er kommt und (dass) er uns etwas mitbringt.

↑ Einleitewort ↑ Prädikat (Personalform) ↑ (Einleitewort) ↑ Prädikat (Personalform)

1 In den folgenden Sätzen sind jeweils zwei Nebensätze (Gliedsätze) enthalten.

a) Suche die beiden Gliedsätze und kennzeichne in ihnen die Einleitewörter und die Prädikate.

b) Wo müssen die Kommas stehen? Beachte die Regel **5**!

> Luftschiffe werden mit Helium oder Wasserstoff gefüllt damit sie leichter als Luft werden wenn man mit ihnen aufsteigen will. Die Starrluftschiffe behalten auch ihre Gestalt bei wenn der Gasdruck sinkt weil sie durch ein Metallgerüst gestützt werden. Das Luftschiff „Hindenburg“ verunglückte am 6. Mai 1937 in Lakehurst (USA) weil sich bei der Landung eine Mischung aus Luft und Wasserstoff entzündete so dass sogleich Flammen durch das Schiff schossen.

2 Schreibe die Entschuldigungen auf und setze dabei die Kommas richtig ein.

> Ich konnte den Unterricht nicht besuchen weil meine Mutter befürchtete dass ich an Grippe erkrankt war.
> Ich habe mich leider verspätet obwohl ich mit meinem neuen Rad fuhr das eine 10-Gang-Schaltung hat.
> Ich werde in der Prüfung schlecht abschneiden weil ich ziemlich sicher bin dass ich das Falsche gelernt habe.
> Ich konnte nicht früher kommen weil der Bus mit Motorschaden liegen blieb nachdem ich eingestiegen war.

3 In dem folgenden Text sind die Teilsätze durch Schrägstriche gekennzeichnet.
Setze beim Aufschreiben der Sätze die Kommas und unterstreiche die Nebensätze.

> Im vorigen Jahrhundert war der Walfang noch ein großes Wagnis / weil die Fangschiffe klein waren / und weil die Wale nicht selten das Fangschiff zertrümmerten. / Wenn die Fänger den Wal aufgespürt / und sie ihn mit der Harpune erlegt hatten / musste dieser zur Verarbeitung an Land gebracht werden. Die Wale waren eine begehrte Beute / weil man aus ihrem Speck Tran kochte / und aus der Hornplatte im Gaumen das wertvolle „Fischbein“ gewonnen wurde. / Heute haben die meisten Nationen den Walfang eingestellt / weil der Walfang keine wirtschaftliche Bedeutung mehr hat / und die großen Meeressäuger fast ausgerottet wurden.

R 7
Ein Komma steht bei Aufzählungen gleichgeordneter Wörter und Satzglieder, wenn sie nicht durch *und* oder *oder* verbunden sind.

Mein Hund hat ein glattes, dunkles und mattglänzendes Fell.
Zum Geburtstag bekam er einen Tennisschläger, zwei Bücher und einen Jogginganzug geschenkt.

R 8
Ein Komma steht bei aufgezählten Wörtern oder Satzgliedern auch dann, wenn diese durch Konjunktionen (Bindewörter) wie *halb – halb, einerseits – andererseits, teils – teils, nicht nur – sondern auch* verbunden sind.

Er ist nicht nur stark, sondern auch flink.
Seine Gedichte sind teils lustig, teils besinnlich.
Sie lächelte halb verschämt, halb belustigt.

R 9
Kein Komma steht, wenn die aufgezählten Wörter oder Satzglieder durch die Konjunktionen (Bindewörter) *und, oder, wie, weder – noch, sowohl – als auch* verbunden sind.

Sie war klug und vorsichtig.
Das Buch ist für Jungen wie Mädchen lesenswert.
Wir haben weder Hunger noch Durst. Sie hat sowohl Mut als auch Ausdauer.

R 7 Bei aufgezählten Adjektiven als Attributen (Beifügungen) ist besonders darauf zu achten, ob sie gleichrangig sind.

Dies kann man auf folgende Weise überprüfen:
Wenn zwischen den aufgezählten Wörtern ein *und* eingefügt werden kann, sind die aufgezählten Teile gleichgeordnet:

ein glattes (und) dunkles (und) mattglänzendes Fell
→ ein glattes, dunkles, mattglänzendes Fell.

Zwischen den folgenden Adjektiven steht dagegen kein Komma, weil sie nicht gleichrangig sind:

die prachtvolle kurfürstliche Residenz, ein Glas dunkles bayerisches Bier.
Hier bildet das letzte Adjektiv mit dem folgenden Nomen einen Gesamtbegriff:
***kurfürstliche** Residenz, **bayerisches** Bier.*

1 In den folgenden Sätzen sind viele Aufzählungen enthalten. Setze beim Abschreiben des Textes die Kommas.

Meine Eltern meine Schwester und ich fuhren in den letzten Ferien nach Südfrankreich. Schon tagelang vorher packten wir Koffer Taschen und Beutel. An einem schönen sonnigen Morgen ging es dann los. Wir fuhren über Pässe Autobahnen und Landstraßen. Im Rhonetal angekommen sahen wir an den Berghängen kleine Dörfer verfallene Schlösser und ausgedehnte Weinberge liegen. Am Mittelmeer schließlich erwartete uns ein breiter feinsandiger Badestrand mit Dünen Pinienwäldchen und einem alten Leuchtturm.

2 Setze beim Aufschreiben der Sätze an den richtigen Stellen die Kommas.

Teils badeten wir teils fuhren wir mit unserem Segelboot aufs Meer.
Je länger wir uns aufhielten desto besser gefiel es uns an unserem Urlaubsort.
Wir haben den Urlaub halb mit unserem Taschengeld halb mit dem Zuschuss unserer Eltern bezahlt.
Der Besuch des Museums war einerseits lehrreich andererseits aber auch ganz schön langweilig.
Wir haben uns nicht nur gut erholt sondern auch viel Interessantes gesehen.

3 Überlege, ob bei den aufgezählten Wörtern oder Satzgliedern ein Komma steht oder nicht. Im Zweifelsfalle sieh nochmals bei den Regeln **7** bis **9** nach!

Lehrer wie Schüler waren mit dem Schulfest sehr zufrieden.
Er trank auf der Party weder Bier noch Wein.
Die beiden Kinder wurden bald hungrig durstig und müde.
Möchtest du eine Birne einen Apfel oder eine Banane?
Sowohl mein Vater als auch meine Mutter schwimmen gerne.
Wir konnten im Garten weder die Hecke schneiden noch das Unkraut jäten.
Ich habe sowohl das Buch gelesen als auch den Film zum Buch gesehen.
Er kennt alle Beeren Pilze und Sträucher seiner Heimat.
Wir packten sowohl die Fußballschuhe als auch das Badezeug in unsere Tasche.
Inge Bert und Jörg stellten für das Schulfest eine Wurfbude auf.

R 10
Ein Komma steht, wenn im Satz etwas hervorgehoben werden soll, z.B. Anreden oder Ausrufewörter (*ach, au*) sowie Bejahung oder Verneinung.

Klaus, kommst du bitte her! Ach, das hat mir noch gefehlt!
Nein, ich weiß das wirklich nicht!

R 11
Kommas stehen bei nachgestellten Beifügungen (Appositionen) und nachgetragenen Erklärungen.

Gestern traf ich Gabi, meine Cousine, in der Stadt.
Wir spielen einmal in der Woche Tennis, und zwar am Montag.

R 11 Appositionen (nachgestellte Beifügungen) erkennt man daran, dass sie im gleichen Fall stehen wie das Nomen, auf das sie sich beziehen:

*Mein Hund, **eine Promenadenmischung,** bellt oft.*
*Ich gab dem Kellner, **einem freundlichen Mann,** ein schönes Trinkgeld.*

Bei den nachgetragenen Erklärungen weisen meist bestimmte Wörter auf die Erläuterung hin.
Solche Wörter können sein: *und zwar, also, besonders, zum Beispiel (z.B.), das heißt (d.h.), unter anderem (u.a.).*

Viele Schüler, z.B. dein Bruder, haben sich an den Vorbereitungen zum Schulfest beteiligt.

Steht das Wort „bitte" in einem Satz, so wird es nur dann durch Komma abgetrennt, wenn es besonders betont bzw. mit Nachdruck verwendet wird:

Bitte, gib mir nicht noch einmal so eine freche Antwort!

Das formelhafte „bitte" wird dagegen nicht durch Komma abgetrennt:

Geben Sie mir bitte das Salz.

(Zur Setzung des Punktes nach einem Aufforderungssatz, der ohne Nachdruck gesprochen wird, siehe S. 152)

1 Welche Anreden oder Ausrufe passen zu den Sätzen in der rechten Spalte? Setze beim Aufschreiben die Kommas!

Hilfe	so geht das wirklich nicht!
Peter	warum ist mir das nicht gleich eingefallen?
Nein	ich will nicht so sein!
Natürlich	darf ich mich Ihnen vorstellen?
Au	ich werde dir auf jeden Fall helfen.
Na ja	ich versinke im Schlamm!
Herr Direktor	das hat aber weh getan!
Ja	hilf mir bitte aus dem Graben heraus.

2 Suche in den folgenden Sätzen die nachgestellten Beifügungen (Appositionen). Setze beim Abschreiben die Kommas.

Hamburg Deutschlands größter Seehafen liegt nicht unmittelbar an der Küste. Der über 100 km lange Verbindungsweg zur Nordsee ist ein Fluss die Elbe. Im Hamburger Hafen gibt es ein zollfreies, von einem hohen Zaun umgebenes Gebiet den Freihafen. Manche Waren stapelt man in großen Metallkisten den Containern. Andere Güter werden in riesigen Gebäuden den Speicherhäusern gelagert. Hamburg das Tor zur Welt hat auch heute noch eine große Bedeutung.

3 In vielen Sätzen des folgenden Textes findest du nachgetragene Erklärungen. Wo müssen im Text Kommas stehen?

Am Wochenende fahren wir mit dem Zug nach Hamburg. Wir werden in einem Hotel wohnen und zwar direkt am Alsterufer. Ich interessiere mich sehr für den Hafenbetrieb besonders für die großen Seeschiffe. Ich möchte sehen, wie deren Ladung gelöscht wird d.h. wie die großen Schiffe entladen werden. Der Hamburger Hafen ist ja ein Verladeplatz für sehr viele Güter unter anderem für Getreide, Öl, Erze, Kaffee, Bananen und Maschinen. Vielleicht besuchen wir auch den Freihafen. Dort werden Rohstoffe z.B. Tee weiterverarbeitet. Sehenswert sind aber auch viele Bauwerke in Hamburg besonders das Rathaus, das auf 4000 Pfählen steht. Fast die Hälfte der Stadt besteht aus unbebauten Flächen und zwar aus Acker- und Gartenland, Parks und öffentlichen Grünanlagen, Wald, Moor und Heide. Diese Gebiete sind die „grünen Lungen“ Hamburgs.

Überprüfe dein Können.

Du kannst mit den folgenden Texten auf unterschiedliche Weise dein Können überprüfen.

- Du kannst dir den Text ohne Kommas, aber mit Punkten diktieren lassen.
- Du kannst die gekennzeichneten Kommas im Text begründen, indem du in einem Satz sagst, weshalb hier ein Komma stehen muss.

Narkose

Bei einer Operation im Mittelalter konnte man für den Patienten wenig tun (1) denn er musste die Schmerzen ohne Betäubungsmittel aushalten. Die Geschichte der Narkose begann dann im 19. Jahrhundert in einem Zirkuszelt. Auf Jahrmärkten (2) in Kirmesbuden und Zirkuszelten führte man damals häufiger Lachgas vor (3) das eine berauschende Wirkung hat. Bei einer dieser Veranstaltungen in einem Zirkuszelt schlug sich ein Mann bei der Vorführung das Schienbein auf (4) aber er zeigte bei dieser Verletzung kein Schmerzgefühl. Als dies ein anwesender Zahnarzt sah (5) kam er auf einen großartigen Einfall. Wenn Lachgas gegen Schmerzen unempfindlich machte (6) dann konnte man es vielleicht auch bei Operationen einsetzen. Damit war ein Narkosemittel gefunden (7) das geeignet war die Patienten von den Schmerzen während der Operation zu befreien. Heute werden moderne Narkosemittel gut dosiert angewandt (8) durch sie sind viele lebensrettende Eingriffe erst möglich geworden (9) z. B. Gehirnoperationen (10) Organverpflanzungen und vieles mehr. Dennoch haben viele Patienten mehr Angst vor der Narkose als vor der Operation selbst.

Begründung der Kommas:

1 *Das Komma steht zwischen zwei Hauptsätzen. (Regel 1)*

2 ....

10. Anführungszeichen

In der deutschen Rechtschreibung werden Anführungszeichen vor allem zu drei Zwecken verwendet:
- zur Kennzeichnung dessen, was jemand wörtlich sagt oder denkt (direkte, wörtliche Rede);
- zur Kennzeichnung einer wörtlich angeführten Textstelle (Zitat);
- zur Hervorhebung von bestimmten Teilen eines Textes, wie Titeln von Büchern, Zeitungen, einzelnen Wörtern usw.

Die Verwendung des Anführungszeichens wird auch dadurch schwieriger, dass dieses mit anderen Satzzeichen (Komma, Punkt, Fragezeichen, Ausrufezeichen) zusammentrifft.

Zwei Beispiele:

„Das hast du gut gemacht“, sagte sie.
„Wieso kommst du so spät?“, fragte sie.

R 1
Am Beginn der direkten (wörtlichen) Rede steht ein Anführungszeichen unten, am Ende der direkten Rede ein Anführungszeichen oben.

„Ich gehe jetzt ins Kino“, sagte mein Freund.

R 2
Wenn ein einleitender Satz (Begleitsatz) vor der direkten Rede steht, kündigt ein Doppelpunkt die wörtliche Rede an.

Der Fremdenführer sagte: „Hier sehen Sie das alte Rathaus.“

R 3
Der Begleitsatz kann auch in die direkte Rede eingeschoben sein. Er wird dann durch Kommas abgetrennt.

„Ich würde ja gerne“, sagte mein Freund, „mit dir ins Kino gehen.“

R 1–3 Anführungszeichen werden auch als „Gänsefüßchen“ bezeichnet.

Grundsätzlich sind also drei Stellungen des Begleitsatzes möglich:

1. Der Begleitsatz kann vor der wörtlichen Rede stehen:

   Begleitsatz : „ **direkte Rede.** “

   Am Ende der wörtlichen Rede steht hier das Anführungszeichen immer nach dem Punkt, dem Frage- oder Ausrufezeichen.

2. Der Begleitsatz steht nach der direkten Rede.

   „ **direkte Rede** “, **Begleitsatz** .

Die direkte Rede wird hier immer durch Komma vom Begleitsatz abgetrennt. Das Komma steht immer nach dem Anführungszeichen. Siehe auch R 4!

3. Der Begleitsatz kann in die direkte Rede eingeschoben sein:

   „ **direkte Rede** “, **Begleitsatz,** „ **direkte Rede.** “

1 Schreibe die direkten Reden mit den passenden Begleitsätzen richtig auf. Der Begleitsatz soll jeweils an erster Stelle stehen.

Mein Bruder rief Mutter fragte Der Nachrichtensprecher sagte Die Verkäuferin fragte Der Lehrer meinte Der Polizist fragte	Darf ich Ihren Ausweis sehen? Deine Handschrift könnte besser sein! Pass doch auf! Darf ich Ihnen die Ware einpacken? Hast du schon gegessen? Bitte, lassen Sie Ihr Gerät eingeschaltet!

2 Suche zu den beiden Schaubildern die entsprechenden Sätze. Setze beim Aufschreiben die Anführungszeichen.

1. „ [direkte Rede] “, [Begleitsatz] .

2. „ [direkte Rede] “, [Begleitsatz] , „ [direkte Rede] .“

Ich weiß wirklich nicht, was du hast, sagte Mutter zu Oma. – Wenn du meinst, sagte Vater, werde ich noch einmal anrufen. – Ich komme gleich wieder, versprach der Mann und verschwand. – Du wirst sehen, tröstete die Verkäuferin den kleinen Jungen, deine Eltern holen dich gleich ab. – Das Radio ist defekt, behauptete der Kunde. – Das glaube ich nicht, meinte der Verkäufer.

3 In diesem Text sind alle Satzzeichen bis auf die Anführungszeichen gesetzt. Suche aus dem Text die direkten Reden und ihre Begleitsätze heraus. Schreibe sie richtig auf.

Zu einem vornehmen Mann kam ein fremder Barbier und schickte sich an ihn zu rasieren. Erstaunt fragte der Mann: Was wollen Sie hier? Ich will Sie rasieren, entgegnete der Fremde seelenruhig. Aber ich brauche Sie nicht, belehrte ihn der Mann, ich habe schon einen Barbier. Nein, antwortete der Fremde, ich bin jetzt Ihr Barbier. Gestern habe ich mit Ihrem eigentlichen Barbier Karten gespielt. Als er alles Geld verloren hatte, haben wir um unsere Kunden gespielt und ich habe Sie gewonnen.

R 4
Wird die direkte Rede mit Fragezeichen oder Ausrufezeichen abgeschlossen, so steht dennoch ein Komma zwischen der direkten Rede und dem Begleitsatz.

„Sei doch endlich still!", zischte sie.
„Warum fragst du das?", wollte er wissen.

R 5
In Anführungszeichen werden wörtlich angeführte (zitierte) Textstellen gesetzt.

Er nennt dies in seinem Bericht „ein unglaublich fahrlässiges Verhalten", und zwar mit vollem Recht.

R 6
Anführungszeichen stehen bei Titeln und sprachlichen Ausdrücken, die hervorgehoben werden.

Gestern habe ich mir das Buch „Die unendliche Geschichte" gekauft.
Das „und" ist ein Bindewort.

R 5 Die Regelung hat besondere Bedeutung für das wissenschaftliche Arbeiten, da alle wörtlich aus Büchern, Zeitschriften u.ä. entnommenen Textstellen in Anführungszeichen gesetzt werden müssen.

R 6 Die Hervorhebung kann in gedruckten Texten auch durch eine besondere Schriftart (z.B. Kursive) vorgenommen werden.
In dem vorliegenden Buch sind die meisten sprachlichen Hervorhebungen durch Kursivdruck gekennzeichnet:

Das Bindewort *dass* steht am Beginn eines Nebensatzes.

1 In diesem Text sind keine Zeichen gesetzt. Schreibe diesen Witz richtig auf. Beachte besonders die Kennzeichnung der direkten Rede.

> Herr Huber hat eine sehr laute Stimme Als sein Chef am Morgen ins Büro kommt hört er wieder jemanden laut brüllen Wer schreit denn da so fragt er seine Sekretärin Das ist Herr Huber erklärt diese er spricht mit Amsterdam Sagen Sie ihm meint da der Chef er soll doch das Telefon benutzen.

2 Setze beim Aufschreiben des Textes die Satzschlusszeichen der direkten Rede und die Anführungszeichen ein.

> Was ist schwerer, fragt der Lehrer, ein Pfund Federn oder ein Pfund Eisen Bruno meldet sich: Ein Pfund Eisen Aber Bruno, ein Pfund ist doch ein Pfund, korrigiert ihn der Lehrer. Das glaube ich nicht, sagt Bruno. Ja, und warum nicht, fragt der Lehrer. Ich gehe jetzt in den zweiten Stock, sagt Bruno, und werfe Ihnen ein Pfund Federn auf den Kopf und dann ein Pfund Eisen. Wenn Sie dann noch meinen, das sei das Gleiche, glaube ich es Ihnen.

3 Wo müssen in den folgenden Sätzen Anführungszeichen stehen?

> Auf der Tür war die Aufschrift Betreten verboten zu lesen.
> Das Paket kam mit dem Vermerk Empfänger verzogen zurück.
> Friedrich Schiller schrieb das Schauspiel Wilhelm Tell, dessen Held wahrscheinlich nie gelebt hat.
> Das dass muss man von dem Artikel oder Pronomen das unterscheiden.
> Er hat seinen Gegner vor Gericht mit Flegel tituliert.
> Otfried Preußlers Die kleine Hexe hat mir sehr gut gefallen.
> Die Lottozahlen werden immer mit der Bemerkung ohne Gewähr den Zuschauern bekannt gegeben.

4 Ein seltsamer Text! Schreibe den Anfang des Märchens richtig auf.

> Hans hatte seinem Herrn sieben Jahre lang treu gedient Punkt Dann trat er vor ihn und sagte Doppelpunkt Anführungszeichen unten Herr Komma meine Zeit ist um Komma zahlt mir meinen Lohn aus Punkt Anführungszeichen oben Der Herr erwiderte ihm Doppelpunkt Anführungszeichen unten Hans Komma du hast mir treu gedient Punkt Ich will dir dafür einen guten Lohn geben Punkt Anführungszeichen oben.

Überprüfe dein Können.

Du kannst mit dem folgenden Text auf unterschiedliche Weise dein Können überprüfen.

- Du kannst dir den Text diktieren lassen. Achte dann besonders auf die Satzschlusszeichen und die Anführungszeichen der direkten Rede.
- Du kannst die markierten Satzzeichen begründen.

Wie man seine Leistung „verbessern“ kann

Als der Dichter Brecht noch die Schule besuchte, hatte er im Fach Französisch seine liebe Not. Wenn er sicher versetzt werden sollte, dann musste seine letzte Arbeit mit einer guten Note bewertet werden. Sein Freund dagegen hatte schlechte Noten in Latein und brauchte ebenso dringend eine gute Note zum Abschluss. Die Noten in beiden Arbeiten fielen aber nur mäßig aus. Daraufhin radierte der Freund einige Fehler in seiner Arbeit aus und ging zu seinem Lehrer: „[1] Sie haben sich wahrscheinlich geirrt, Herr Professor “,[2] sagte er höflich, „[3] denn für meine Fehlerzahl müsste ich doch eine bessere Note bekommen .“[4] Der Lehrer stutzte zunächst, dann hielt er das Blatt gegen das Licht und entdeckte die Radierungen. „[5] Scher dich weg !“[6], schrie er erbost und half mit einer Ohrfeige nach.
Da war für Brecht guter Rat teuer. Schließlich hatte er eine Idee. Er strich sich mit roter Tinte in seiner Französischarbeit einige Wörter mehr an. Dann ging er zu seinem Lehrer und fragte: „[7] Herr Professor, was ist denn bei den angestrichenen Wörtern falsch ?“[8] Der Lehrer schaute genauer hin und musste bestürzt einräumen, dass er wohl zu viele Fehler angestrichen hatte. „Dann“, sagte Brecht mit Nachdruck, „[9] muss ich doch eine bessere Note bekommen !“[10] Der Lehrer änderte die Zensur und Brecht hatte keine Schwierigkeiten bei der Versetzung.

Begründung der Satzzeichen:

1 Anführungszeichen unten, weil die direkte Rede beginnt.

11. Punkt, Fragezeichen und Ausrufezeichen

Punkt, Fragezeichen und Ausrufezeichen kann man auch Satzschlusszeichen nennen, weil mit ihnen in den meisten Fällen Sätze abgeschlossen werden.
Der Punkt steht dabei am Ende des Aussagesatzes. Dieser kann in sich auch durch andere Satzzeichen gegliedert sein:
Wir gehen – und wir tun das freiwillig – nach Hause, weil es uns hier nicht mehr gefällt.
Das Fragezeichen steht am Ende von Sätzen, in denen eine Frage ausgedrückt wird:
Warum ist er eigentlich nicht gekommen?
Das Ausrufezeichen kennzeichnet einen Satz als Aufforderung, Wunsch oder Ausruf:
Wirf mir die Schlüssel herunter! Hätte ich doch nachgegeben! Das ist ja großartig!
Für diese Satzzeichen gibt es aber auch eine Reihe anderer Anwendungsfälle; die wichtigsten sollen auf den folgenden Seiten gleichfalls berücksichtigt werden.

R 1 Ein Punkt steht am Ende eines Aussagesatzes.	Er kommt heute an. Weil die Sonne scheint, gehe ich ins Strandbad.
R 2 Der Punkt kann anstelle des Ausrufezeichens nach Wunsch- und Befehlssätzen stehen, die ohne besonderen Nachdruck gesprochen werden.	Bitte gib mir den Atlas. Setze in den Sätzen des folgenden Textes die Kommas ein.
R 3 Ein Punkt steht nach Ziffern, die als Ordnungszahlen verwendet werden.	Frankfurt, den 4. 8. 1997 Er steht an 16. Stelle. Ludwig XIV., der „Sonnenkönig“

R 1 Kein Punkt steht dagegen nach Überschriften und Schlagzeilen in Zeitungen.

Wie man ein Vogelhäuschen baut
Ein überraschender Fund
Urlauberrekord in Mittelmeerländern

Kein Punkt steht auch nach Anschriften auf Briefumschlägen, nach der Datumsangabe und bei Unterschriften und Grußformeln in Briefen.

Herbert Müller
Alter Postweg 7
64009 Neustadt

Neustadt, den 8. 4. 1997
Mit freundlichen Grüßen
deine Christine

R 3 Die Ordnungszahlen stellen – im Unterschied zu den Grundzahlen, wie *eins, drei, hundert* – eine Reihung her: *der 1. Mai, die 2. Stelle hinter dem Komma.*

1 In dem folgenden Text sind keine Punkte gesetzt und auch die Wörter am Anfang der Sätze sind kleingeschrieben. Schreibe den Text ab, setze dabei die Punkte. Achte auf die Großschreibung der Satzanfänge!

> mit „Schildbürger“ bezeichnete man ursprünglich die mit einem Schild bewaffneten Bürger in einem Volksbuch des späten Mittelalters werden aber die Schildbürger als Bewohner der Stadt Schilda dargestellt über ihre Dummheit erzählte man sich im Lande viele lustige Geschichten die Schildbürger machten bei ihren Unternehmungen fast alles verkehrt sie bauten ihr neues Rathaus ohne Fenster später wollten sie dann mit Säcken das Tageslicht fangen und in ihr Rathaus tragen der Kaiser persönlich wollte die Schildbürger sehen und besuchte mit seinem Gefolge die Stadt

2 Schreibe die folgenden Sätze in dein Heft. Setze nach den Ordnungszahlen den Punkt ein.
Überlege jeweils genau, welche Zahlen Ordnungszahlen sind!

> Goethe wurde am 28 8 1749 in Frankfurt am Main geboren. – In der Bundesrepublik Deutschland wird der 1 Mai als Feiertag begangen. – Wir fuhren am 2 8 1996 mit unseren Freunden in das Ferienlager. – Friedrich II. von Preußen bestimmte im 18 Jahrhundert, dass jeder frei nach seiner Religion leben sollte. – Der 1 FC Nürnberg siegte in mehreren Spielen hintereinander. – Im 19 Jahrhundert begann die Industrialisierung Deutschlands.

3 In dem folgenden Postkartentext sollst du begründen, ob an den bezeichneten Stellen ein Punkt stehen muss oder nicht. Schreibe dann den Text mit der richtigen Zeichensetzung auf.

> Carnon, den 8 (1) 8 (2) 1997 (3)
>
> Lieber Peter,
>
> in Südfrankreich erleben wir seit dem 2 (4) 8 (5) herrliche Badeferien. Leider haben wir die 1 (6) Hälfte unseres Urlaubs schon hinter uns.
>
> Herzliche
> Grüße (7)
> deine Heike (8)

R 4
Der Punkt steht bei Abkürzungen, die man als Wörter spricht.

usw. (und so weiter),
z.B. (zum Beispiel),
d.h. (das heißt),
Weißenburg i. Bay. (in Bayern)

R 4 Neben den Abkürzungen, die in vollem Wortlaut gesprochen werden, gibt es eine Vielzahl von Abkürzungen, die als Buchstabenwörter gesprochen und ohne Punkte geschrieben werden:

PKW (auch *Pkw*), ***LKW*** (auch *Lkw*), ***UKW*** (Ultrakurzwelle), ***TÜV*** (Technischer Überwachungs-Verein), ***ARD*** (Arbeitsgemeinschaft der Rundfunkanstalten Deutschlands), ***ZDF*** (Zweites Deutsches Fernsehen).

Maß-, Gewichts- und Münzeinheiten werden ohne Punkt geschrieben, obwohl sie als Wörter gesprochen werden:

m, cm, mm, km – g, kg – l *(Liter),* ***hl*** *(Hektoliter)* ***– DM.***

1 Ordne die Abkürzungen im rechten Feld den richtigen Wörtern im linken Feld zu. Schreibe sie nebeneinander auf.

Absender	eventuell	z.T.	evtl.
beziehungsweise	zum Teil	Str.	vgl.
evangelisch	zum Beispiel	bzw.	r.-k.
das heißt	und so weiter	z.B.	usw.
vergleiche	Straße	Jh.	Abs.
Jahrhundert	im Auftrag	ev.	d.h.
römisch-katholisch	Stunde	i.A.	Std.

2 Sicher kennst du die Abkürzungen für folgende Bezeichnungen. Schreibe sie auf. Achte darauf, wie man die Abkürzungen ausspricht.

Pferdestärken	Ultrakurzwelle
Deutsche Bahn AG	Zweites Deutsches Fernsehen
Lastkraftwagen	Aktiengesellschaft
Deutscher Fußball-Bund	Personenkraftwagen
Europäische Union	Deutsche Jugendherberge
Deutscher Gewerkschaftsbund	Deutsche Lebens-Rettungs-Gesellschaft
Deutsche Industrie-Normen	United States of America
Nationales Olympisches Komitee	Deutsches Rotes Kreuz

3 In dem folgenden Anzeigentext sollst du die eingerahmten Wörter verkürzen. Für die meisten der Wörter gibt es festgelegte Abkürzungen. Schreibe den verkürzten Text in dein Heft.

Gelegenheit!

Golf, 90 [Pferdestärken], [Baujahr] 1993, [Technischer Überwachungs-Verein] neu, 45000 [Kilometer], in einwandfreiem Zustand, [Telefon] 8141

4 Auch das sind Abkürzungen. Kennst du die ursprünglichen Wörter?

Lok – Bus – Uni – Ober – Auto – Foto – Kilo – Kripo – U-Boot – Pulli – Limo – U-Bahn – Ufo – Mofa.

R 5 Das Fragezeichen steht am Ende eines Fragesatzes.	Was wollte er denn? Ist das klar?
R 6 Das Fragezeichen steht nach einzelnen Fragewörtern.	Warum? Wo? Wohin? Auf die Frage *Wen*? steht der Akkusativ.
R 7 Mit einem Fragezeichen kann man auch zum Ausdruck bringen, dass man eine Aussage bezweifelt. Das Fragezeichen steht dann in Klammern.	Er will vier (?) Briefe an mich geschrieben haben. Er soll als Bester (?) im Wettbewerb abgeschnitten haben.

R 5 Diese Regel gilt nur für direkte Fragesätze. Nach indirekten Fragesätzen steht dagegen ein Punkt:

*Ich fragte ihn, **was er denn wolle.***
*Ich bin mir nicht sicher, **ob dir das klar ist.***

Das Fragezeichen bleibt auch in Sätzen erhalten, die als Titel oder Überschriften verwendet werden:

Hat der Frieden noch eine Chance?
Wie können wir uns vor Infektionen schützen?

1 In diesem Text sind mehrere Fragen enthalten; es fehlen aber die Fragezeichen. Schreibe den Text mit Fragezeichen auf.

Vater liest genussvoll die Zeitung. Die kleine Miriam schaut ihm dabei zu. „Papi", sagt sie schließlich, „darf ich dich etwas fragen" „Aber ja, mein Kind, frag nur", meint der Vater. „Warum ist der Elefant so groß", will Miriam wissen. „Keine Ahnung", erwidert der Vater. „Papi, warum hat der Löwe eine Mähne", fragt Miriam weiter. „Ich weiß nicht", sagt der Vater. „Papi, stören dich meine Fragen", erkundigt sich Miriam. „Aber nein, mein Kind, frag nur weiter, sonst lernst du ja nichts!"

2 Dies sind Fragen, die sich Schüler beim Herstellen einer Schülerzeitung stellen. Forme die direkten Fragen in indirekte um, schreibe sie auf.
Die Schüler fragen sich, welchen Titel die Zeitung haben soll.

Welchen Titel soll die Zeitung haben?
Welches Format wird gewählt?
Wann soll die Zeitung erscheinen?
Wie viel soll die Zeitung kosten?
Wie viele Exemplare sollen gedruckt werden?
Wie soll für die Zeitung geworben werden?
Wie viel kosten Druck und Papier?

3 Forme die indirekten Fragesätze in direkte Fragen um und schreibe sie auf. Achte auf die Satzzeichen der wörtlichen Rede (vgl. S. 145 ff.)!

Ich fragte ihn, wo er im Urlaub gewesen sei.
Er fragte mich, ob ich schon gegessen hätte.
Ich möchte wissen, wo du den Schlüssel hingelegt hast.
Er fragte den Fahrer, wann der Bus ankomme.
Der Schüler erkundigte sich, welcher Text in der Stunde gelesen wurde.
Der Interviewer fragte den Passanten, ob er Haustiere habe.

4 Stelle zu den Informationen sinnvolle Fragen. *Wie dick ist...?*

Die Eisdecke der Antarktis ist zwischen 2000 und 3000 Meter dick. Dieser Kontinent ist von Wasser umgeben. Die tiefsten Temperaturen werden in der Nähe der sowjetischen Forschungsstation Wostok gemessen. Der Mount Vinson hat eine Höhe von 5140 Metern. In der Antarktis gibt es über 40 Forschungsstationen.

R 8
Das Ausrufezeichen steht nach Sätzen, die als Ausruf, Wunsch oder nachdrückliche Aufforderung gemeint sind.

Das darf doch nicht wahr sein!
Hätte ich doch auf dich gehört!
Komm sofort her!

R 9
Das Ausrufezeichen steht nach Ausrufewörtern und Ausrufelauten.

Oh! Au! Hallo! Pfui!
Na, na! Doch, doch!

R 10
Das Ausrufezeichen kann nach der Anrede im Brief stehen.

Lieber Karl!
Sehr geehrter Herr Frank!

R 8 Aufforderungssätze mit geringem Nachdruck stehen am Ende mit einem Punkt:

Geben Sie mir bitte die Zeitschrift.

Auch im vorliegenden Buch werden die Aufforderungssätze, die den Leser zu Übungen auffordern, mit einem Punkt abgeschlossen:

Schreibe den Text richtig auf.

Nur in Sätzen, die eindringlich zu etwas auffordern, werden Ausrufezeichen gesetzt:

Beachte die Zeichensetzung!

R 10 Nach der Anrede im Brief kann aber auch ein Komma stehen. Der eigentliche Brieftext beginnt dann mit kleinem Buchstaben, es sei denn, am Textanfang steht ein Nomen.
Liebe Eltern,
ich bin gut angekommen...

Steht nach der Anrede ein Ausrufezeichen, so wird der Brieftext mit Großbuchstaben begonnen.
Lieber Peter!
Nach meinem letzten Brief ist bei uns...

1 In den folgenden Sätzen sind keine Satzschlusszeichen gesetzt. Entscheide, welche dieser Sätze mit einem Ausrufezeichen oder Punkt, welche mit einem Fragezeichen enden.

Hast du heute Nacht gut geschlafen
Zieh doch bitte die Schuhe aus
Wann musst du heute aus dem Haus gehen
Daran hättest du doch denken müssen
Lass doch dein ewiges Nörgeln sein
Gehst du heute ins Schwimmbad
Nun mach aber einen Punkt
Stell das Radio leiser
Von wem kommt denn diese Karte
Wenn ich das nur wüsste

2 Ordne die folgenden Äußerungen nach Aussagesätzen, Fragesätzen und Aufforderungssätzen. Schreibe die Sätze richtig auf.

Verkehrsunfall

Das ging alles sehr schnell | Haben Sie denn den Radfahrer gesehen
Bitte, erinnern Sie sich ganz genau | Wer kam denn von rechts
Treten Sie zurück | Der Autofahrer hat vor der Kurve gebremst
Ist der Notarztwagen schon gerufen | Ich habe es deutlich gesehen
Bleiben Sie doch bitte bei der Wahrheit

3 In dem folgenden Text musst du entscheiden, wo ein Punkt, ein Frage- oder Ausrufezeichen steht. Setze beim Abschreiben an den markierten Stellen diese Satzzeichen ein.

Müllers aus dem ersten Stock sind wieder einmal sehr laut in der Nacht____ „Jetzt platzt mir aber der Kragen____“, regt sich der Mieter im Erdgeschoss auf____ Er nimmt einen Besenstiel und klopft damit kräftig gegen die Zimmerdecke____ Am nächsten Morgen trifft er Frau Müller im Treppenhaus____ „Haben Sie denn gestern nicht gehört, dass ich gegen die Decke geklopft habe____“, fragt er entrüstet____ Frau Müller macht ein unschuldiges Gesicht: „Ach du meine Güte____ Ihr Klopfen war doch nicht schlimm, denn bei uns war es auch sehr laut____“

Überprüfe dein Können.

Du kannst mit dem folgenden Text auf unterschiedliche Weise dein Können überprüfen.

– Lass dir den Brief diktieren und achte besonders auf Punkte, Fragezeichen und Ausrufezeichen.
– Begründe die markierten Satzzeichen.

Sonja Behrend
Winterstr (.1) 13
97340 Marktbreit

Marktbreit, den 5 (.2) 10. 1997

Liebe Jutta (!3)

Wie versprochen, will ich dir einiges von dem Modellversuch berichten, an dem ich gerade beteiligt bin. Der Modellversuch ist eingerichtet worden, damit Mädchen merken, ob sie in Männerberufen zurechtkommen. Hast du schon von diesem Versuch gehört (?4) Wir sind sechs Mädchen im Betrieb und werden für den Beruf des Werkzeugmachers ausgebildet. Als ich zu Hause mit diesem Berufswunsch herausrückte, sagte meine Mutter zuerst: „Du bist doch verrückt (!5)" Aber mein Vater wusste, dass es schon viele Werkzeugmacherinnen in der Bundesrepublik gibt. Warum sollte ich das nicht auch schaffen (?6) „Denk doch an die schwere Arbeit!", war Mutters nächster Einwand. Aber so schlimm ist das beim Hobeln, Bohren und Sägen gar nicht! In der 3 (.7) Woche war es allerdings ziemlich hart. Da mussten wir z.B (.8) mit dem Meißel arbeiten. Mensch, was war ich am Abend schlapp (!9) Immer wieder werde ich von Bekannten und Freundinnen gefragt: „Hast du denn keinen Stress mit den Kollegen und Meistern? Warten die nicht darauf, dass du etwas falsch machst (?10) " Das kann man aber wirklich nicht sagen. Die haben sich schon daran gewöhnt, dass sie auch den Mädchen etwas geduldig erklären müssen. Du siehst, liebe Jutta, ich lebe noch! Und natürlich würde ich gerne etwas darüber erfahren, wie es dir in deiner Lehrstelle gefällt.

Herzliche Grüße
deine Sonja

12. Doppelpunkt, Strichpunkt und Gedankenstrich

Die drei Satzzeichen, die in diesem Kapitel zusammengefasst werden, haben recht unterschiedliche Aufgaben.
Die wichtigste Aufgabe des Doppelpunktes besteht darin, auf etwas Kommendes im Text zu verweisen. So kündigt der Doppelpunkt z.B. die direkte (wörtliche) Rede an:
Dann sagte er mit leiser Stimme: „Ich fürchte mich."
Der Strichpunkt dagegen ist ein Satzzeichen, das eine Mittelstellung zwischen dem Punkt und dem Komma einnimmt. Er kann deshalb vielfach anstelle des Punktes oder des Kommas stehen.
Das Gewitter war vorbeigezogen. Der Regen hatte aufgehört.
→ *Das Gewitter war vorbeigezogen; der Regen hatte aufgehört.*
Wir trafen uns im Jugendheim, denn für die Fahrt musste noch einiges vorbereitet werden.
→ *Wir trafen uns im Jugendheim; denn für die Fahrt musste noch einiges vorbereitet werden.*
Die Aufgaben des Gedankenstrichs lassen sich kaum auf einen Nenner bringen. Gedankenstriche können auch paarweise auftreten, wenn sie einen Einschub in einen Satz kennzeichnen:
Da stand – man konnte es deutlich sehen – ein Mann auf der Brücke.

R 1 Der Doppelpunkt steht vor der direkten (wörtlichen) Rede, wenn diese durch einen Begleitsatz angekündigt wird.	Ich frage dich: „Hast du dir das gut überlegt?“
R 2 Der Doppelpunkt steht vor angekündigten Sätzen, Aufzählungen, Erklärungen und Angaben.	Ein Sprichwort sagt: Voller Bauch studiert nicht gern. Es spielen in unserer Mannschaft: Ingo, Karin und Martin. Weitere Aussichten: bewölkt und strichweise Regen. Deutsch: gut
R 3 Der Doppelpunkt steht vor Zusammenfassungen und Schlussfolgerungen aus dem vorher Gesagten.	Das Radio, der Fotoapparat, die Handtasche: alles wurde uns entwendet. Erst platzte der Reifen, dann riss die Kette, schließlich versagte die Bremse: es war wie verhext.

R 2 Für die Großschreibung nach dem Doppelpunkt gilt folgende Regelung:

Werden die Ausführungen nach dem Doppelpunkt als Satz aufgefasst, so wird großgeschrieben:

Beachten Sie bitte: Heute bleibt die Bibliothek geschlossen.

Kleingeschrieben wird dagegen bei Satzstücken bzw. unvollständigen Sätzen:

Es waren alle gekommen: die Kinder, die Eltern und teilweise auch die Großeltern.

R 3 Zusammenfassungen und Schlussfolgerungen nach dem Doppelpunkt werden auch in Satzform kleingeschrieben.

Haus und Hof, Geld und Gut: alles ist verloren.

1 Füge die passenden Teile zusammen und setze beim Aufschreiben den Doppelpunkt.

Ein altes Sprichwort sagt Die Benelux-Staaten bestehen aus drei Ländern Es gibt vier Grundrechnungsarten Das Jahr hat vier Jahreszeiten Die bekanntesten Nadelbäume sind	Fichten, Tannen und Kiefern Addition, Subtraktion, Multiplikation und Division Frühling, Sommer, Herbst und Winter Belgien, Niederlande und Luxemburg Glück und Glas, wie schnell bricht das

2 Setze beim Aufschreiben der Sätze die Doppelpunkte.

Er ist erfahren, ortskundig und zuverlässig wir können uns seiner Führung anvertrauen.
Alles ist in diesem Urlaubsgebiet anzutreffen hohe Berge und große Seen, Flüsse und Wälder.
Städte lagen in Trümmern, Brücken waren zerstört, Industrieanlagen vernichtet das waren die sichtbaren Folgen des Krieges.
Das wirst du kaum alles bewältigen können zur Schule gehen, nach der Schule jobben, deine Hausaufgaben machen und am Abend Sport treiben.

3 In dem Text sind keine Doppelpunkte gesetzt; auch die Anführungszeichen der direkten Rede fehlen. Setze beide Zeichen beim Abschreiben des Textes ein.

Eines Tages fing ein Tiger einen Fuchs. Er packte ihn beim Kragen und sagte Rotrock, ich werde dir den Garaus machen! Der Fuchs erwiderte Wenn du mich frisst, machst du einen großen Fehler, denn du verlierst einen starken Bundesgenossen. Der Tiger lachte verächtlich, aber der Fuchs blieb dabei und versicherte Ich kann es dir beweisen! Da wurde der Tiger neugierig und ließ den Fuchs gewähren. Als sie ein Stück gemeinsam gegangen waren, begegneten ihnen einige Menschen. Beim Anblick des Tigers ergriffen sie die Flucht. Der Fuchs aber sagte Hast du gesehen, welchen Respekt die Menschen vor mir haben? Als sie mich sahen, rannten sie los.

R 4 Der Strichpunkt (Semikolon) kann anstelle eines Punktes stehen, wenn man zwei gleichrangige Sätze weniger stark voneinander trennen möchte.	In der Bahnhofshalle herrschte großes Gedränge; die Fabriken hatten ihre Tore bereits geschlossen.
R 5 Der Strichpunkt kann anstelle eines Kommas stehen, wenn die Trennung zwischen zwei Sätzen stärker betont werden soll.	Wir werden am Wochenende zu Hause bleiben; das Wetter ist schon seit längerem sehr schlecht.
R 6 Der Strichpunkt kann stehen, wenn man in einer Aufzählung mehrere Wörter als zusammengehörig kennzeichnen will.	Wir nahmen ins Zeltlager einen Rucksack voll Lebensmittel mit: Mineralwasser, Säfte, Milch; Kartoffeln, Nudeln, Reis; Schinken, Wurst.

R 4/5 Für die Verwendung des Strichpunktes gibt es keine so festen und eindeutigen Regeln wie für andere Satzzeichen. Es ist deshalb weitgehend von dem Schreiber abhängig, ob er in einzelnen Fällen anstelle eines Punktes oder auch eines Kommas einen Strichpunkt (Semikolon) setzt.

Der Strichpunkt findet besonders vor den Bindewörtern und Adverbien ***denn***, ***doch, darum, daher, allein*** Verwendung, wenn diese zwei nebengeordnete Sätze verbinden:

Wir halfen ihm mit allen Kräften; allein es war vergebens.

1 Max Frisch erzählt in seinem Tagebuch 1946–1949 folgende Begebenheit aus dem vom Krieg zerstörten Berlin.

Jemand berichtet aus Berlin: Ein Dutzend verwahrloste Gefangene, geführt von einem russischen Soldaten, gehen durch eine Straße; vermutlich kommen sie aus einem fernen Lager, und der junge Russe muss sie irgendwohin zur Arbeit führen oder, wie man sagt, zum Einsatz. Irgendwohin; sie wissen nichts über ihre Zukunft; es sind Gespenster, wie man sie allenthalben sehen kann. Plötzlich geschieht es, dass eine Frau, die zufällig aus einer Ruine kommt, aufschreit und über die Straße heranläuft, einen der Gefangenen umarmt – das Trüpplein muss stehen bleiben, und auch der Soldat begreift natürlich, was sich ereignet hat; er tritt zu dem Gefangenen, der die Schluchzende im Arm hält, und fragt:
„Deine Frau?"
„Ja –."
Dann fragt er die Frau:
„Dein Mann?"
„Ja –."
Dann deutet er ihnen mit der Hand:
„Weg – laufen, laufen – weg!"
Sie können es nicht glauben, bleiben stehen; der Russe marschiert weiter mit den elf anderen, bis er, einige hundert Meter später, einem Passanten winkt und mit der Maschinenpistole zwingt, einzutreten: damit das Dutzend, das der Staat von ihm verlangt, wieder voll ist.

a) In diesem Text sind fünf Strichpunkte und fünf Doppelpunkte enthalten. Suche sie im Text auf.

b) Versuche zu begründen, warum der Autor Frisch diese Satzzeichen jeweils verwendet hat.

Jemand berichtet aus Berlin: – Der Doppelpunkt steht vor der angekündigten Geschichte.

R 7 Mit Gedankenstrichen können eingeschobene Sätze oder Satzteile gekennzeichnet werden.	Dann machten wir uns – wir hatten alle gut gefrühstückt – zum Aufstieg bereit.
R 8 Der Gedankenstrich kann auf etwas Folgendes und Überraschendes aufmerksam machen.	Wir winkten und machten uns durch Rufen bemerkbar – keine Antwort. Plötzlich – ein fernes Grollen.
R 9 Ein Gedankenstrich kennzeichnet den Abbruch der Rede.	„Nein, das kann doch nicht –", stammelte er.
R 10 Ein Gedankenstrich steht, wenn bei wörtlicher Rede der Sprecher wechselt und der Wechsel durch keinen Begleitsatz angezeigt wird.	„Was meinst du dazu?" – „Ich bin damit einverstanden." – „Dann komm herüber!"

R 7 Einschübe können außer in Gedankenstriche auch in Klammern oder Kommas eingeschlossen werden:

Unsere Fahrräder (sie waren sehr teuer) haben sich gut bewährt.
(Zur Klammer siehe auch S. 168.)

R 8 Für das Lesen hat der Gedankenstrich an diesen und anderen Stellen häufig die Aufgabe eine Pause anzuzeigen.

1 Schreibe die Sätze mit Gedankenstrichen auf.

Wir haben die Arbeit/sie hat uns viel Mühe gekostet/heute beendet. Die Zahl der Urlauber hat sich/wenn auch eine Steigerung kaum möglich erschien/nochmals erhöht.
Wir trainieren/von dem schlechten Wetter unbeeindruckt/nach wie vor im Freien.
Er hatte die Absicht/das ist schon lange her/das Versäumte nachzuholen.
Frank/er liest gerne Kriminalromane/freut sich schon auf die Bibliothek seines Onkels.
Ich nehme an/und das ist eine bloße Vermutung/, dass ihr bis zum Abend mit der Arbeit fertig sein wollt.

2 In dem folgenden Text sind fünf Gedankenstriche verwendet worden. Finde Begründungen dafür, weshalb sie gesetzt wurden.

Flog der Rabe übers Meer, schau – da bewegte sich ein Krebs! Der Rabe schnappte ihn und wollte ihn zu einem Baum tragen um ihn in aller Ruhe zu frühstücken. Der Krebs merkte, dass es um sein Leben ging, und sagte zum Raben: „He, Rabe! Ich kannte deinen Vater und deine Mutter, sie waren kluge Leute!“ – „Ugu!“, erwiderte der Rabe ohne den Schnabel zu öffnen. „Auch deine Brüder und deine Schwestern kannte ich, sie waren auch kluge Leute!“ – „Ugu!“ – „Doch so klug sie auch waren, dir sind sie nicht gleich. Ich glaube, dass es auf der Welt keinen Gescheiteren gibt als dich!“ – „Ja-ja!“, krächzte der Rabe aus vollem Hals und ließ den Krebs ins Wasser fallen.

3 In einzelnen Sätzen dieses Textes fehlen Satzzeichen (Doppelpunkt, Strichpunkt oder Gedankenstrich). Setze sie an den gekennzeichneten Stellen.

Ein Schiff segelte im Mittelmeer an der spanischen Küste entlang (1) es hatte kostbare Waren geladen. Plötzlich (2) ein Schuss, der über das Wasser dröhnte. Da (3) am Horizont zeigte sich eine Seeräuberflagge. Der Kapitän hieß alle Seeleute schnell unter Deck gehen (4) dann erwartete er in erbärmlicher Kleidung die Verfolger. Als das Seeräuberschiff in Hörweite war, rief der Kapitän (5) „Habt Erbarmen mit mir und rettet mich, ich habe als Einziger die Pest überlebt!“ Die Seeräuber waren verwirrt und bestürzt. Schließlich rief ihr Kapitän (6) „Allah sei mit dir, aber wir können dir nicht helfen!“ Dann drehte er schleunigst bei (7) das Schiff war gerettet.

13. Klammern und Auslassungspunkte

Regel	Beispiel
R 1 In Klammern stehen erklärende Zusätze.	Zweiter Weltkrieg (1939–45), Hamburg (dpa) (= Deutsche Presse-Agentur), das Hauptwort (Substantiv)
R 2 In Klammern können auch eingeschobene Sätze oder Teile von Sätzen stehen.	Er kam (es war schon sehr spät) müde von der Reise zurück.
R 3 Auslassungspunkte können stehen, wenn ein Satz abgebrochen wird.	Es war einmal ... Er sagte: „Ich würde ja gerne, aber ...“
R 4 Auslassungspunkte kennzeichnen innerhalb eines Satzes oder Textes ausgelassene Stellen.	Er betonte die Dringlichkeit: „Wir müssen alternative Energien ... nun verstärkt fördern.“

R 2 Die Verwendung der Klammer ist für diesen Fall nicht genau festgelegt. Anstelle der Klammern stehen oft auch Gedankenstriche oder Kommas:

Er kam – es war schon sehr spät – müde von der Reise zurück.

R 3 Anstelle der drei Auslassungspunkte, die den Abbruch des Satzes anzeigen, kann auch ein Gedankenstrich stehen. Stehen die drei Auslassungspunkte am Ende des Satzes, so wird kein weiterer Punkt als Satzschlusszeichen verwendet.

R 4 Die Kennzeichnung von ausgelassenen Teilen ist besonders in wörtlich wiedergegebenen Textstellen (Zitaten) wichtig. Die Zitate werden durch Anführungszeichen kenntlich gemacht.

Der Autor schreibt: „Die Bereitschaft sich impfen zu lassen [...] schwindet immer mehr.“

Überprüfe dein Können.

Wenn du dir den Text diktieren lassen willst, so solltest du dir vorher die Ortsnamen und den Personennamen notieren. Du kannst auch die markierten Satzzeichen begründen.

Der große Fund

Am 1. Oktober 1975 machte der sechzehnjährige Bernard Bredow bei Siegsdorf im oberbayerischen Chiemgau einen sensationellen Fund. Mehr zufällig – (1) er suchte nach Munition aus dem Zweiten Weltkrieg – (1) stieß er auf einen schmutzigen, grauen Gegenstand, der aus einem Bachbett herausragte. Er hatte einen Mammutknochen gefunden; (2) aber es dauerte dann noch zwölf Jahre, bis das Skelett vollständig ausgegraben war. Heute hat das Skelett seine ursprüngliche Gestalt angenommen. Mit einer Schulterhöhe von 3,88 Metern ist „Oscar" – (3) wie Bredow sein Mammut nannte – (3) das größte uns bekannte Exemplar. Aber damit nicht genug; (4) das Skelett ist mit 80% der ursprünglichen Knochen auch das kompletteste in Mitteleuropa. Die Ausgrabungen hat Bernard Bredow zunächst mit einigen Freunden und ohne wissenschaftliche Unterstützung alleine durchgeführt; (5) später wurden die Bergungsarbeiten dann in größerem Maßstab betrieben. An den mächtigen Unterkiefern und den ungleichmäßig abgenutzten Mahlzähnen des Mammuts zeigt Bredow heute einige Besonderheiten: (6) „Genau wie Menschen Linkshänder sein können, hat Oscar halt linksrum gekaut. Und wie man an dem fortgeschrittenen Zahnabschliff sehen kann, muss Oscar zwischen 80 und 90 Jahre alt gewesen sein, als er gemerkt hat, dass es mit seinem Leben zu Ende ging. Deswegen hat er sich ja auch von seiner Herde abgesondert, um ... (7) sich ein Wasserloch zum Sterben zu suchen." Bernard Bredow – (8) heute Leiter des Mammut-Projekts – (8) hat inzwischen das gesamte Skelett (9) (mit Kunststoffteilen) (9) rekonstruiert.

14. Auslassungszeichen (Apostroph) und Schrägstrich

Regel	Beispiel
R 1 Das Auslassungszeichen (Apostroph) zeigt in einem Wort die Auslassung von einem oder mehreren Buchstaben an.	Wie geht's? Wohl bekomm's! Gebirg', Freud', heil'ge Eide, ew'ger Bund, 's ist bitter kalt.
R 2 Das Auslassungszeichen steht, wenn der Genitiv (Wesfall) von artikellos gebrauchten Namen auf s, ss, ß, tz, z oder x gekennzeichnet werden soll.	Grass' Roman „Die Blechtrommel", Hans Sachs' Fastnachtsspiele, Aristoteles' Schriften, Felix' Auto
R 3 Der Schrägstrich steht anstelle des Wortes „je" in Größen- bzw. Mengenangaben.	30 km/h (30 km je Stunde), 2 mg/l (2 Milligramm je Liter)
R 4 Der Schrägstrich dient zur Zusammenfassung aufeinander folgender Daten oder Personen usw.	der Krieg 1870/71, das Schuljahr 1996/97, die Schüler/Schülerinnen

R 1 Eine wichtige Ausnahme von dieser Regel machen die Zusammensetzungen von Präpositionen und Artikel, die allgemein gebräuchlich sind:

Zusammensetzungen mit dem Artikel **das**
an + das = ans Ebenso: aufs, durchs, fürs, hinters, ins, übers, ums, unters, vors.

Zusammensetzungen mit den Artikeln **der/dem/den**
zu + der = zur zu + dem = zum
Ebenso: am, beim, hinterm, überm, unterm, vorm, hintern, übern, untern

Auch bei Verbformen kann das e der Personalform entfallen, ohne dass ein Apostroph gesetzt wird:
Heute Nachmittag **komm** ich zu dir. Dazu **hab** ich wirklich keine Lust.

1 Schreibe die folgenden Sätze – wenn nötig – mit Auslassungszeichen auf, indem du die halbfett gedruckten Buchstaben „einsparst".

„Geht **e**s dir gut?", fragte mich heute Morgen mein Freund.
„Ich hab**e** **e**s gerade noch nach Hause geschafft", versicherte mir meine Schwester.
„Du glaubst doch nicht so **ei**n**en** Blödsinn?", ereiferte sich Petra.
„**E**s ist schon ein Kreuz mit der Rechtschreibung!", stöhnt mancher Schüler. „Ich hab**e** mich ganz schön verspätet", murmelte meine Freundin.

2 Schreibe die eingeklammerten Wörter in den Sätzen als ein Wort auf.

Er musste sich mit wenig Geld (durch das) Leben schlagen.
Nach dem lustigen Abend dachten wir nicht (an das) Schlafengehen.
Sie brauchte (zu dem) Erlernen dieser Sportart wenig Zeit.
Der Mann fand das vermisste Geld (an dem) Rande des Gartenweges.
Während der Wanderung stapften sie mitten (durch das) Feld.
Am Abend ging die ganze Gruppe geschlossen (in das) Kino.
Wir fanden ein trockenes Plätzchen (unter dem) Dach der Scheune.

3 Die kursiv gedruckten Wörter kann man durch Schrägstriche als zusammengehörig kennzeichnen. Schreibe sie auf.

In dem einsamen Landstrich wohnen gerade einmal *8 Einwohner je qkm.*
Im Winter *1988 auf 1989* war der See Ende November zugefroren.
Heute ist in reinen Wohnstraßen meistens eine Geschwindigkeit von *30 km je Stunde* vorgeschrieben.
Am *28. und 29.* Dezember werden wir die Heimreise in München unterbrechen.
Die Vereinsbeiträge für *Januar, Februar, März* hatten die Mitglieder bereits bezahlt.

4 Hier kannst du mit Hilfe des Apostrophs und des Schrägstrichs verkürzen.

die Philosophie des Karl Marx	das Schuljahr 1997 bzw. 1998
die Operetten von Johann Strauß	die Koalition aus SPD und F.D.P.
die Filmfestspiele von Cannes	die Fraktion aus CDU und CSU

15. Bindestrich und Ergänzungsstrich

Regel	Beispiele
R 1 Ein Bindestrich wird bei Zusammensetzungen von Wörtern mit einzelnen Buchstaben, Ziffern oder Abkürzungen gesetzt.	Dehnungs-h, Fugen-s, i-Punkt, A-Dur, x-beliebig, 5-mal, 16-jährig, 100-prozentig, Kfz-Papiere, Lkw-Fahrer
R 2 Man setzt einen Bindestrich zwischen den Bestandteilen mehrteiliger Zusammensetzungen, besonders wenn eine Wortgruppe bereits mit Bindestrich steht.	Do-it-yourself-Bewegung, Berg-und-Tal-Bahn, Wort-für-Wort-Übersetzung, 35-Stunden-Woche, 3-Zimmer-Wohnung
R 3 Mit Bindestrichen schreibt man insbesondere als Nomen gebrauchte Aneinanderreihungen mit Infinitiv.	das Über-den-Durst-Trinken, das In-den-Tag-Hineinleben, das Auf-die-lange-Bank-Schieben, das Von-der-Hand-in-den-Mund-Leben

R 1 Nicht mit Bindestrich geschrieben werden aber z.B. folgende Abkürzungen mit angehängter Ableitungssilbe:

4fach, der 68er, ein 5tel.

R 3 Einfache Zusammensetzungen mit Infinitiven werden dagegen ohne Bindestrich geschrieben:

das Radfahren, das Ballspielen, das Diktatschreiben.

1 Schreibe die Zusammensetzungen, die eine Ziffer enthalten, mit Bindestrich auf.

> Weder im Luft- noch im Straßenverkehr gibt es eine 100/prozentige Sicherheit.
> Das 14/jährige Mädchen ist am Abend zu Hause eingetroffen.
> Die Schüler und Schülerinnen konnten am Ende der Stunde das 10/zeilige Gedicht schon auswendig aufsagen.
> *Straßenverkehr, Leiterwagen* und *Silbentrennung* sind jeweils 4/silbige Wörter.
> Das Roggenbrot, das ich beim Bäcker kaufte, war ein 3/Pfünder.
> Beim Skifahren ist mir während der Abfahrt schon 3/mal die Bindung aufgegangen.

2 Verbinde die Abkürzungen mit den passenden Bestandteilen.

Abc dpa Kfz SOS UKW UN NATO UV	bestrahlt Schlosser Staaten Sender Kinderdorf Meldung Schütze Vollversammlung

3 Schreibe diese Wortgruppen mit Bindestrichen auf.

Berg und Tal	Herz Lungen	Frage und Antwort	Ritter und Räuber
die **Bahn**	die **Maschine**	das **Spiel**	die **Romane**

Trimm dich	Arzt Patienten	Mund zu Mund	Kopf an Kopf
der **Pfad**	das **Verhältnis**	die **Beatmung**	das **Rennen**

4 Diese Ausdrücke schreibt man mit Bindestrichen.

das AUFDENPUNKTBRINGEN

zum AUSDERHAUTFAHREN

das INSBLAUEFAHREN

das INDENAPRILSCHICKEN

das ANDENHAARENHERBEIZIEHEN

das INDIEBREITEZIEHEN

R 4 Mit Bindestrichen schreibt man Zusammensetzungen, die Eigennamen enthalten.	Geschwister-Scholl-Straße, Georg-Büchner-Preis, Rhein-Main-Donau-Kanal
R 5 Man kann mit dem Bindestrich in einer Zusammensetzung die Bestandteile hervorheben.	der dass-Satz, die Hoch-Zeit, die Kann-Bestimmung, die Ich-Stärke, etwas be-greifen
R 6 Ein Bindestrich kann eingesetzt werden, wenn in einem zusammengesetzten Wort drei gleiche Buchstaben aufeinander folgen.	Kaffee-Ernte, See-Elefant, Tee-Ei, Schiff-Fahrt, Schrott-Transport, see-erfahren
R 7 Der Ergänzungsstrich steht, wenn in mehreren Wörtern ein gemeinsamer Bestandteil nur einmal genannt werden soll.	Sonn- und Feiertage, Hin- und Rückfahrt, Groß- und Kleinschreibung, Kinder- und Hausmärchen

R 6 Auch unübersichtliche und missverständliche Zusammensetzungen kann man durch Bindestrich eindeutiger machen:

Umsatzsteuer-Tabelle, Druck-Erzeugnis oder Drucker-Zeugnis, Musiker-Leben oder Musik-Erleben.

R 7 Die Auslassung kann auch den ersten Bestandteil oder den ersten und letzten Bestandteil betreffen:

bergauf und -ab, Reformbefürworter und -kritiker, Textilgroß- und -einzelhandel, Warenaus- und -eingang.

1 Hier findest du die Bestandteile von sechs Bundesländern, die mit Bindestrich geschrieben werden.
Setze sie richtig zusammen.

BADEN WESTFALEN SACHSEN VORPOMMERN PFALZ
RHEINLAND ANHALT HOLSTEIN NORDRHEIN SCHLESWIG
MECKLENBURG WÜRTTEMBERG

2 Schreibe die Zusammensetzungen mit geographischen Namen und Eigennamen auf.
Achte auf die Verwendung des Bindestrichs.

NORDOSTSEEKANAL | ODERNEISSELINIE | ELBEHAVELKANAL

WILHELMBUSCHAUSGABE | VANGOGHAUSSTELLUNG

GEORGBÜCHNERPREIS | HEINRICHHEINEPLATZ

ALBRECHTDÜRERSTRASSE | KONRADADENAUERPROMENADE

3 Schreibe diese Wortgruppen mit Ergänzungsstrich auf, indem du den gemeinsamen Wortbestandteil nur einmal schreibst. *Kinder- und Jugendliteratur, ...*

Kinderliteratur und Jugendliteratur, Tageszeitungen und Wochenzeitungen, Zusammenschreibung und Getrenntschreibung, Rechtschreibregeln und Zeichensetzungsregeln, Vorteile und Nachteile, Einzahlung und Auszahlung, Personennamen und Straßennamen, Lesenlernen und Schreibenlernen, Feldarbeit und Gartenarbeit, Haupteingang und Nebeneingang, Großhandel und Einzelhandel, beladen und entladen, Hauptsätze und Nebensätze, Importgeschäfte und Exportgeschäfte, Fragesätze und Ausrufesätze

4 Schreibe die folgenden Wörter auf. Überlege, wo du zur besseren Lesbarkeit einen Bindestrich setzen willst.

ARMEEEINHEITEN KLEEERNTE HAWAIIINSELN
KAFFEEERSATZ ZOOORCHESTER AUSPUFFFLAMME

16. Trennungszeichen

R 1 Mehrsilbige Wörter werden grundsätzlich nach Sprechsilben getrennt.	grei-fen, le-sen, sie-ben, Be-tei-li-gung, gol-den
R 2 Auch einzelne Vokale und Zwielaute (Diphthonge) dürfen abgetrennt werden.	A-bend, Au-ge, Ei-mer, Eu-ter, ver-äu-ßern
R 3 Die Buchstabenverbindungen *ch, sch* und *ck* trennt man nicht.	la-chen, Brü-che, Dra-chen, Fla-schen, ne-cken, fli-cken

R 1 Dies ist die Grundregel für die Trennung deutscher Wörter. Wir können die richtige Trennungsstelle zumeist durch langsames, deutliches Sprechen finden.

Dabei wird ein einzelner Konsonant auf die neue Zeile geschrieben, von mehreren Konsonanten kommt der letzte in die neue Zeile:

flie-gen, schla-fen, mü-hen; fan-gen, set-zen, leis-ten, Schif-fe.

Nachsilben, die mit einem Vokal beginnen *(-in, -ung, -ei, -ig, -isch),* nehmen den vorausgehenden Konsonanten mit in die neue Zeile:

Freun-din, Zei-tung, Kleck-se-rei, freu-dig, bay-risch.

R 3 Auch das ***ß*** am Beginn einer Silbe wird bei der Trennung auf die neue Zeile geschrieben:

bü-ßen, äu-ßern, Grü-ße.

Die Buchstabenverbindungen *th, ph, rh* bleiben in Fremdwörtern ungetrennt:

Me-tho-de, Ka-ta-stro-phe, Myr-rhe.

1 Zerlege die folgenden Wörter beim langsamen Sprechen in Sprechsilben und schreibe sie mit Trennungszeichen auf.

Leiter, fragen, bieten, hütete, andere, Härtegrade, Lügengeschichte, verlieren, betreten, Adler, betrügen, Haltestelle, erklären, Freunde, entkommen, Schreibmaschine, Winterkleidung, gegenseitig, Feiertage, Sauerwiesen, Schweinebraten, Vergnügen, Zeilenende, festbinden, Feierstunde, Fernsehen

2 Hier stehen in den Wörtern immer mehrere Konsonanten. Schreibe die Wörter mit Trennungszeichen auf.

Pendler, Zentner, Schuldner, Sammler, wappnen, Glöckchen, öffnen, Empfänger, Ernte, sorgte, hinkte, entfernte, schwärmte, schröpfte, klopfte, rupfte, klotzte, kürzlich, Jüngling, Drechsler, pflückten

3 Silbenrätsel

Schreibe die Lösungswörter in dein Heft.

ant – bunt – cker – de – en – fel – fen – hoch – hoff – len – nis – nung – o – pan – schrank – se – stif – te – wort – wür – zei – zer – zeug – zu

1. ein süßer Stoff
2. Auf eine Frage erwartet man das.
3. Ihn braucht man oft bei Brettspielen.
4. Hier muss man beim Schreiben manchmal trennen.
5. das Gegenteil von *Verzweiflung*
6. In ihm wird viel Geld aufbewahrt.
7. Hier wird Erz geschmolzen.
8. Damit malen Kinder gern.
9. Die gibt es am Ende jedes Schuljahres.

R 4 Zusammengesetzte Wörter und Wörter mit einer Vorsilbe werden nach sprachlichen Bestandteilen (Wortbauteilen) getrennt.	Stoff-ende, voll-brin-gen, Ver-fü-gung, Ar-beits-tag, Schmutz-fleck, Er-trag
R 5 Wörter, deren einzelne Bestandteile, z.B. in Fremdwörtern, heute nicht mehr gut erkennbar sind, können sowohl nach Sprechsilben als auch nach Wortbestandteilen getrennt werden.	wa-rum **oder** war-um, hinauf **oder** hin-auf, ei-nander **oder** ein-an-der, Pu-bli-kum **oder** Pub-likum, inte-res-sant **oder** in-ter-es-sant, Pä-dago-gik **oder** Päd-a-go-gik

R 4 Bei zusammengesetzten Wörtern sollte man auf jeden Fall irreführende Trennungen vermeiden:

be-inhalten **und nicht** *bein-halten,*
Sprech-erziehung **und nicht** *Sprecher-ziehung,*
Gehör-nerven **und nicht** *Gehörner-ven.*

R 5 Durch die Rechtschreibreform ist besonders die Trennung von Fremdwörtern vereinfacht worden, da wir diese immer auch nach **Sprechsilben** trennen können:

In-dus-trie **neben** *In-du-strie,*
Re-gle-ment **neben** *Reg-le-ment.*

1 Setze passende Wörter zusammen und schreibe sie mit Trennungszeichen auf.

Spiel Druck Filz Lösch Knall	Blatt Frosch Knopf Stift Geld	Sprung Hals Holz Knie Kirsch	Kern Strumpf Seil Stück Band

2 Setze die Wortbausteine mit den Verben zusammen und schreibe sie mit Trennungszeichen nach Sprechsilben oder nach Wortbestandteilen auf.

he-raus-ge-hen oder her-aus-ge-hen

her vor	aus auf ein um ab an	**gehen** **kommen** **holen**

3 Bilde jeweils das Gegenteil dieser Wörter und schreibe sie mit Trennungszeichen auf.

innerlich –	ä...	überall –	n...	ehrlich –	u...
einpacken –	a...	aufladen –	a...	unterqueren –	ü...
Feigheit –	T...	Langsamkeit –	S...	Krankheit –	G...

4 Wie sollte man hier richtig bzw. sinnvoll trennen?

Blumento-pferde	Spargel-der	Bilder-klärung	Stiefel-tern

Üben, üben – aber wie?

1. Welche Grundsätze sollten beim Üben beachtet werden?

Dass Üben für das Erlernen der Rechtschreibung notwendig ist, wurde noch nie ernsthaft bestritten: Die Übung ist das wichtigste Mittel zur Einprägung der Rechtschreibung und Zeichensetzung. Wie aber soll geübt werden? Ist Üben gleichbedeutend mit „Pauken", also einem sturen, gleichförmigen, sich stets wiederholenden Anwenden des gleichen Verfahrens? In der Geschichte des Rechtschreibunterrichts hat es solche einseitigen Verfahren gegeben, wie das endlose Abschreiben von Texten oder das immer wiederholte Schreiben von Texten nach Diktat. Auch heute noch weiß manche Mutter oder mancher Vater kein besseres Rezept um die Rechtschreibleistung ihres Kindes zu verbessern, als ihm immer wieder (und häufig mehrmals dieselben) Diktate zum Schreiben zu geben. Verwunderung und Enttäuschung entstehen dann, wenn die Fehlerzahl nicht sinken will oder – im Gegenteil – zu den alten Fehlern neue hinzukommen.
Diese Misserfolge trotz eines erheblichen Aufwandes lassen sich vermeiden, wenn man zunächst eine Reihe von Einsichten der Lernpsychologie und Rechtschreibdidaktik für die Übung beherzigt.

- Ein Lernstoff wird um so besser behalten, je vielfältiger man sich ihn eingeprägt hat. Für das Erlernen der Rechtschreibung und Zeichensetzung bedeutet dies, dass die Wörter und Rechtschreibfälle durch möglichst vielfältige Sinnes- und Verstandestätigkeiten erfasst und eingeübt werden:
  - durch aufmerksames und bewusstes Anschauen der Wörter und ihrer besonderen Schreibweise,
  - durch das deutliche Sprechen der Wörter bzw. das Mitsprechen der Wörter beim Schreiben,
  - durch das aufmerksame Hören bzw. Achten auf die Aussprache der Wörter,
  - durch das saubere und deutliche Schreiben der Wörter,
  - durch das Bewusstmachen der Bedeutung der Wörter und ihres Zusammenhangs mit anderen Wörtern (*läuten* → *Laut*),
  - durch das bewusste Beachten der Rechtschreibbesonderheiten eines Wortes, wie Verdoppelung von Konsonanten, Dehnungs-h usw.,
  - durch die Besinnung auf eine Rechtschreibregel, die in dem Wort zur Anwendung kommt (z. B. Großschreibung eines Verbs, das als Nomen gebraucht wird: *Durch das Laufen war ich sehr ermüdet*).

Auch wenn nicht bei jedem Wort oder jedem Rechtschreib- und Zeichensetzungsfall die Beteiligung aller „Lernwege" (über das Ohr, das Auge, das Sprechen, die Hand, das Denken) möglich und nötig ist, sollte doch immer auf möglichst vielfältige Weise geübt werden. Die Übungsseiten des Buches versuchen dies durch ein vielfältiges Angebot an Übungsformen zu unterstützen. Dabei ist auch wichtig, in welcher Atmosphäre geübt wird. Jeder Mensch hat eigene Bedingungen, unter denen er am besten lernen und üben kann. Für manchen ist Stille und Alleinsein nötig, andere können bei leiser Musik besonders gut lernen, wieder andere lernen am besten, wenn sie mit jemandem zusammenarbeiten. Auch das Lernen über die verschiedenen Sinneskanäle ist bei einzelnen Menschen unterschiedlich entwickelt. Manche lernen und üben lieber über das Hören und gleichzeitige Sprechen, andere über das einprägende Lesen; die einen müssen sich bestimmte Informationen erst aufschreiben, die anderen lernen am günstigsten, wenn sie sich einen Sachverhalt verstandesmäßig deutlich machen. Jeder Schreiber sollte sich selbst etwas beobachten um herauszufinden, zu welchem „Lerntyp" er gehört, damit er seine Stärken in der Übung besonders wirkungsvoll einsetzen kann.

- Die Übung ist dann am erfolgreichsten, wenn der Übungsstoff über einen längeren Zeitraum verteilt, die Übung also nicht, z.B. auf einen Tag, konzentriert wird. Es ist besser, an jedem Tag in der Woche kürzere Übungszeiten anzusetzen als am Wochenende stundenlang zu üben. Durch kürzere, in geringem Abstand durchgeführte Übungen wird dem Vergessen vorgebeugt und ein Verdruss durch überlanges Üben vermieden.
  Wichtig ist außerdem, dass der Übungsstoff auch wiederholt wird. Man sollte immer wieder auf Aufgaben zurückgehen, die man schon einmal gelöst hat, um die Verankerung des Stoffes im Gedächtnis zu sichern.
- Der Übende sollte sich zunächst das Rechtschreibproblem, den Rechtschreibfall bzw. die Rechtschreibregel, deutlich machen, bevor er dann Übungsaufgaben zu diesem Problem löst. Die Einsicht in den Rechtschreibfall oder das Rechtschreibproblem ist eine wichtige Voraussetzung für den Übungserfolg. In diesem Buch kann sich der Übende auf der linken Buchseite jeweils die Regeln und Probleme deutlich machen und diese dann beim Lösen der Übungsaufgaben auf der rechten Buchseite bewusst anwenden. Er sollte auch während der Übung die Besonderheiten des Rechtschreibfalles vor Augen haben. Übung und Einsicht werden auf diese Weise miteinander verbunden, so dass nicht „blind", sondern einsichtig geübt wird.
- Es ist unbedingt erforderlich, dass der Schreiber nach dem Lösen einer Aufgabe sofort überprüft, ob er alles richtig gemacht hat. Die Bestätigung des Richtigen und die Korrektur des Falschen ist aus mehreren Gründen wichtig:
  - Falsche Schreibungen und Lösungen prägen sich beim Üben ebenso ein wie richtige Lösungen.
  - Durch die Überprüfung der eigenen Lösungen wird die richtige Form wiederholt mit dem Auge erfasst und damit bestätigt und gesichert.
  - Das Erkennen von Erfolgen und Fortschritten bei den Übungsaufgaben gibt eine Bestätigung der eigenen Arbeit und schafft so neue Bereit-

schaft zum Üben. Die sofortige Kontrolle der eigenen Übungsergebnisse mit Hilfe des Lösungsteiles (S. 188–223) ist deshalb für den Übungserfolg unerlässlich.

- Beim Üben der deutschen Rechtschreibung und Zeichensetzung sollte immer ein Rechtschreib-Wörterbuch in greifbarer Nähe liegen, so dass die richtige Schreibweise bestimmter Wörter durch das Wörterbuch geklärt werden kann. Erst durch den selbstverständlichen Gebrauch eines Wörterbuchs ist der Schreiber nicht mehr auf die Auskunft und Hilfe anderer Personen angewiesen und gelangt so zu einer zunehmenden Selbstständigkeit beim Lösen von Rechtschreibproblemen. Bei der Arbeit mit diesem Buch ist die Benutzung des Wörterbuchs bei manchen Übungsaufgaben ausdrücklich vorgesehen; das Wörterbuch sollte aber grundsätzlich bei allen Übungstätigkeiten verfügbar sein.
- Üben kann nicht immer eine lustbetonte Angelegenheit sein; vielmehr ist Üben auch mit Anstrengung und Mühe verbunden. Zu einer guten Arbeitshaltung beim Üben gehört unbedingt, dass sich der Übende auf seine Tätigkeit konzentriert. Wenn die Gedanken während der Übung abschweifen, müssen sie wieder zum Übungsstoff, seinen Besonderheiten und Schwierigkeiten zurückgeführt werden. Zu einer guten Arbeitshaltung gehört auch, dass sich der Schreiber um eine saubere Handschrift bei der Lösung der Aufgaben bemüht. Nur dann werden Wörter beim Wiederlesen in ihrem besonderen Charakter erkennbar, können Wortbilder gut eingeprägt und Fehler korrigiert werden.
- Überhaupt kommt dem Lesen – unabhängig von der Arbeit an Rechtschreibtexten – auch eine Bedeutung für die Einprägung des Wortschatzes zu, denn wer viel liest, geht auf vielfältige Weise mit der geschriebenen Sprache, ihren Wörtern und Bedeutungen um und kann diese Erfahrungen im Rechtschreiben nutzen.

2. Wie sollte man beim Schreiben von Texten und beim Berichtigen von Fehlern vorgehen?

Abschreiben und Aufschreiben

Zur Einübung der Wörter und der Zeichensetzung ist es häufig erforderlich, dass einzelne Wörter, Sätze oder kleine Texte geschrieben werden. Zwei Fehlformen sollten bei diesem Schreiben vermieden werden, weil sie wenig Erfolg versprechen.

- das Abschreiben von Wörtern, Sätzen oder Texten, deren Inhalt und Bedeutung man sich nicht deutlich gemacht hat;
- ein mechanisches Wort-für-Wort-Abschreiben von Sätzen und Texten, das man auch „Kopieren“ nennt.

Wörter und Sätze, deren Bedeutung nicht verstanden wurde, prägen sich auch beim Abschreiben schlecht oder gar nicht ein. Es ist deshalb wichtig, dass sich der Schreiber zunächst über die Bedeutung des Textes bzw. einzelner Ausdrücke klar wird, ehe er mit dem Schreiben beginnt. Notfalls sollte man einzelne Wörter in einem Text zunächst mit einem Zeichen versehen und dann im Wörterbuch ihre Bedeutung ermitteln. Dies könnte besonders bei Fremdwörtern erforderlich sein!

Das mechanische Kopieren von Sätzen und Texten lässt sich vermeiden, wenn nicht Wort für Wort geschrieben wird, sondern jeweils Wortgruppen, die eine Sinneinheit bilden, in einem Zug aufgeschrieben werden. Im folgenden Satz könnte man z.B. die durch Schrägstriche gekennzeichneten Wortgruppen bilden:

Im Sommer, / wenn die Trockenheit / am größten ist, / können leicht / Waldbrände entstehen.

Vor dem Schreiben sollte man sich jeweils eine Wortgruppe merken und sie dann, ohne nochmals auf die Vorlage zu schauen, aufschreiben. Dieses Auswendig-Schreiben von Wortgruppen nennt man im Gegensatz zum Abschreiben „Aufschreiben".

Wenn man sich nach dem Schreiben eines Wortes allerdings unsicher ist, sollte die Vorlage beachtet und eventuell die falsche Schreibung sofort korrigiert werden. Den größten Übungswert erreicht der Schreiber also mit dem Schreiben von Wortgruppen aus dem Gedächtnis und dem anschließenden Vergleichen mit der Vorlage.

Diktat

Zur Überprüfung des Übungserfolges ist es durchaus sinnvoll, sich Texte von anderen diktieren zu lassen. Für das Diktieren ist einiges zu beachten:

- Bevor der Text diktiert wird, muss er erst vorgelesen bzw. durchgelesen werden, damit alles, was nicht inhaltlich verstanden wurde, geklärt werden kann.
- Vor dem Schreiben wird zunächst der ganze Satz vorgelesen und dann in Wortgruppen (Sinnabschnitten) diktiert, wobei die Wortgruppen beim Diktieren noch einmal wiederholt werden sollten.
- Nach dem Diktieren wird schließlich der ganze Text vorgelesen. Dabei sollte der Schreiber Gelegenheit erhalten, Wörter, in denen er einen Fehler vermutet, zu kennzeichnen und darin den Fehler zu korrigieren (ohne oder mit Hilfe des Wörterbuchs).
- Der Text wird anschließend sofort mit der Vorlage verglichen, so dass alle Fehler korrigiert werden können.

Partnerdiktat

Wenn mit einem Partner zusammengearbeitet wird, ist auch ein Partnerdiktat zur Einübung eines Textes möglich. Hier könnte zunächst der eine diktieren, der andere schreiben und umgekehrt. Der diktierende Partner muss aber fortlaufend kontrollieren, ob der Schreiber alle Wörter der diktierten Wortgruppe richtig geschrieben hat. Wenn er einen Fehler entdeckt, so sollte dieser sofort und nicht erst am Ende des Diktates korrigiert werden. Erst dann diktiert der Partner weiter.

Fehlerberichtigung

Fehler tauchen in geschriebenen Texten, wie Diktaten, Aufsätzen, Hefteinträgen usw., immer wieder auf. Wie sollen sie sinnvoll berichtigt werden? Am wenigsten zu empfehlen ist die alte Methode, falsch geschriebene Wörter einfach zehnmal in der richtigen Form zu schreiben. Besser ist es in jedem Fall, sich Fehlerwörter in der richtigen Schreibweise dadurch einzuprägen, dass man sie in den Zusammenhang mit anderen Wörtern oder anderen Beispielen des gleichen Rechtschreibfalles stellt. Solche Korrekturen könnten z.B. auf Karteikarten (im Format einer Postkarte) vorgenommen werden, indem für jedes Fehlerwort eine Karte angelegt wird.
Beispiele:
Wenn man das Wort *Name* falsch (z.B. mit einem *h*) geschrieben hat, so sollte man neben *der Name* noch einige weitere Wörter notieren, die zur Wortfamilie „Name“ gehören, z.B. *Name* → *Nachname, Vorname, namentlich, nämlich*
Ist man bei der Schreibung der Wörter unsicher, sollte auf jeden Fall im Wörterbuch nachgesehen werden. Dort findet man unter dem Stichwort *Name* mehrere Wörter, die zu dieser Wortfamilie gehören.
Taucht z.B. ein Fehler in der Großschreibung eines Wortes auf wie *(beim laufen),* so sollte nicht nur „beim Laufen“ aufgeschrieben werden, sondern auch Beispielwörter wie „das Laufen, beim Essen, beim Turnen“. Auch die Bildung von kurzen Sätzen mit diesen Ausdrücken wäre sinnvoll: *Ich hatte heute beim Laufen keine Probleme.* Wichtig ist jedenfalls, dass man bei der Berichtigung eines Fehlers nicht mechanisch die richtige Form (mehrmals) schreibt, sondern die Berichtigung immer mit einer kleinen Übung verbindet.
Manche Fehler, z.B. bei dem Bindewort „dass“, lassen sich nur sinnvoll im Satzzusammenhang berichtigen. Wenn dieses Bindewort falsch geschrieben wird (z.B. mit s), so könnte man zwei kurze Sätze aufschreiben, in denen das Fehlerwort vorkommt:
Ich fürchte, dass es regnet.
Karl sagte, dass du kommst.
Auch Zeichensetzungsfehler müssen durch kurze Satzbeispiele berichtigt werden:
Der Schnee taute, als es warm wurde.
Mein Pferd scheute, als es blitzte.

3. Welche Informationen bietet das Wörterbuch?

Ein unentbehrliches Hilfsmittel für das Üben der Rechtschreibung und Zeichensetzung sind Rechtschreib-Wörterbücher. In diesen Nachschlagewerken sind nicht nur die Schreibweisen der Wörter im **Wörterverzeichnis** aufgeführt, sondern auch die Regeln der Rechtschreibung im **Regelverzeichnis** zusammengestellt. Zudem finden sich auch bei den Erklärungen im Wörterverzeichnis viele zusätzliche Informationen, die man beim Üben und Kontrollieren der richtigen Schreibweisen nutzen kann.
Der folgende Auszug ist dem „Duden – Die deutsche Rechtschreibung" entnommen; an diesem Beispiel kann man sich die vielfältigen Informationen deutlich machen, die ein Wörterbuch bereithält.

> **Com|pu|ter** [...'pju:...], der; -s, – engl. (programmgesteuerte, elektron. Rechenanlage; Rechner); **Com|pu|ter ani|ma|ti|on** (R↑ 132; durch Computer erzeugte bewegte Bilder), **...bild, ...di|ag|nos|tik, ...ge|ne|ra|ti|on; com|pu|ter ge|steu|ert, ...ge|stützt; com|pu|te|ri|sie| ren; Com|pu|ter|kri|mi|na|li|tät; com|pu|tern** (mit dem Computer arbeiten, umgehen); **Com|pu|ter spiel, ...spra|che, ...to|mo|gra|phie** (die; -, -n; Abk. CT), **...vi|rus**

Com|pu|ter Die senkrechten Striche im Wort zeigen, wo man das Wort trennen kann.
[...'pju: ...] So wird das Wort ausgesprochen.
der (Computer) Mit diesem Artikel wird das Wort gebraucht.
-s (Computers) So lautet das Wort im Genitiv (2. Fall).
– (die Computer) Der Plural (Mehrzahl) von Computer hat die gleiche Form wie der Singular (Einzahl).
engl. Dieses Wort stammt aus der englischen Sprache.
Abk. Abkürzung

Neben den Informationen, die oben rechts erläutert sind, wird in dem Wörterbucheintrag zu dem Stichwort *Computer* auch noch die **Bedeutung** dieses Wortes erklärt *(programmgesteuerte, elektron. Rechenanlage; Rechner)* und es wird eine Reihe zusammengesetzter Wörter aufgeführt, die auch z.T. in ihrer Bedeutung erklärt werden, z.B. Computeranimation. Bei diesem zusammengesetzten Wort wird außerdem auf eine Regel im Regelverzeichnis dieses Wörterbuches verwiesen, die man zusätzlich zu Rate ziehen kann:

132: Diese Regel gibt z.B. allgemeine Informationen zur Trennung zusammengesetzter Wörter mit einer Vorsilbe. Auf diese Regel muss man aber nicht unbedingt zurückgreifen, weil die Trennung der Wörter ja auch durch die senkrechten Striche bei jedem Wort kenntlich gemacht wird.

Wenn man – wie in dem Wörterbuchtext zum Stichwort *Computer* – auf Zeichen und Abkürzungen stößt, deren Bedeutung man nicht versteht, kann man jeweils auch in dem Kapitel **Hinweise für die Wörterbuchbenutzung** nachsehen; dort findet man dazu alle Erklärungen.

4. Welche Hilfen gibt es außerdem, um Fehler zu vermeiden?

Um in einem Text Fehler zu vermeiden, also die richtige Schreibweise zu finden oder zu bestätigen, gibt es – neben dem Griff zum Wörterbuch – eine Reihe von Hilfen. Diese machen es dem Schreiber möglich, durch eigene Überlegungen und ohne weitere Hilfsmittel die richtige Schreibweise zu finden.

- Bei Wörtern, die dem Schreiber schon häufig begegnet sind, kann es trotzdem vorkommen, dass er in der Schreibung unsicher wird. Nehmen wir an, jemand habe diesen Satz geschrieben:
  Seinen Vornahmen hatten wir vergessen.
  Beim Durchlesen wird der Schreiber unsicher, ob das zweite Wort im Satz mit *h* geschrieben wird. In diesem Fall ist es sinnvoll, das Wort in beiden Schreibweisen untereinander aufzuschreiben:
  Vornahme
  Vorname
  Die richtige Schreibweise wird man dann sehr wahrscheinlich wiedererkennen. Das gilt allerdings nur für Wörter, deren Schreibweise früher schon einmal eingeprägt wurde.

- Bei manchen Wörtern kann die deutliche Aussprache zur Vermeidung von Fehlern und zur Bestätigung der richtigen Schreibweise führen. Nehmen wir folgenden Satz:
  Ich habe meinem Bruder das nicht geglaubt.
  Bei der Endung *mein**em*** kann bei undeutlicher Aussprache leicht der Fehler *mein**en*** auftreten. Auch das zweite *g* in *geglaubt* könnte mit einem *k* verwechselt werden. Allerdings ist die deutliche Aussprache nur bedingt eine Hilfe, da eine vom Dialekt beeinflusste Sprechweise diese Hilfe zunichte machen kann.

- Bei manchen Wörtern gibt es Schwierigkeiten und Unsicherheiten in der Schreibweise, weil sie am Ende anders gesprochen als geschrieben werden: *Abend, Korb, Zwerg.* Die Laute am Ende dieser Wörter werden wie *p, t* und *k* gesprochen, aber mit *b, d* und *g* geschrieben. Wenn man diese Wörter verlängert und die verlängerten Formen deutlich spricht *(Abende, Körbe, Zwerge),* erhält man einen deutlichen Hinweis auf die richtige Schreibweise.

- Häufig kann man Fehler vermeiden, wenn man sich überlegt, wo ein Wort herkommt oder welches Wort in ihm steckt. Bei dem Wort „Gebäude“ lässt sich die Wortverwandtschaft mit „bauen“ erkennen, das Wort „rächen“ ist von „Rache“ abgeleitet und das Wort „fängt“ kommt von „fangen“. Wenn man diese Zusammenhänge erkennt, weiß man auch, dass in diesen Wörtern *(Gebäude, rächen, fängt)* Umlaute stehen müssen *(äu, ä).* Beim Schreiben des Wortes „angesteckt“ tut man sich leichter, wenn man sich klar macht, dass diese Form von „stecken“ abgeleitet ist, und bei der

Schreibung des Wortes „vielleicht“ kann man sich vergegenwärtigen, dass in diesem Wort die beiden kürzeren Wörter „viel“ und „leicht“ stecken.

- Schließlich kann man sich bei der Schreibung vieler Wörter oder beim Setzen von Satzzeichen auf Regeln oder Proben besinnen, die eine bestimmte Schreibweise notwendig machen. Wenn man sich z.B. nicht sicher ist, ob das Wort „gerettet“ mit zwei *t* im Stamm geschrieben wird, so kann man sich an die **Regel** erinnern:
  Nach kurzem, betontem Vokal wird der folgende Konsonant verdoppelt.
  Wenn man sich in dem Satz *(Ich hörte sein Lachen.)* unsicher ist, ob das Wort „Lachen“ groß- oder kleingeschrieben wird, sollte man an die **Artikelprobe** denken, weil diese auf ein Nomen hinweist:
  sein Lachen → *das Lachen.*
  Schließlich muss man sich bei dem Satz *(Er dachte daran, nicht zu spät zu kommen.)* an die **Regel** erinnern, dass Infinitivgruppen durch Komma abgetrennt werden, wenn sie durch ein hinweisendes Wort, z. B. *daran,* angekündigt werden.

Lösungsteil

S. 9: Zuordnung der Fehler im Text zu Fehlergruppen

	Fehlergruppe	Berichtigte Fehler
1	Groß- und Kleinschreibung	Nachmittag, Steinen, Spielen, alles, Autos, Lust
2	Schreibung der s-Laute (einschließlich das/dass)	Straße beschließen
3	Flexionsendungen (falsche oder fehlende)	
4	Konsonantenverdopplung	öffnet, fällt Steinkante
5	Zusammen- und Getrenntschreibung	noch_höher, gar_nicht, auszudenken
6	Schreibung von i, ie und h (Dehnung)	Dammkrone Mühlrad
7	Konsonantenweglassungen, -hinzufügungen, -vertauschungen	vielleicht, wir(d), verletz(t)
8	Vokalfehler und Umlautfehler (außer Dehnung)	
9	Fehler bei den Konsonanten k, ck, ch und g	Brücke
10	Fehler bei den Konsonanten d/t	staut
11	Fehler bei den Konsonanten v, f, pf, ph	vorsichtig
12	Fehler bei den Konsonanten z, tz, ts, c	hölzernen Sturzbach

1. Groß- und Kleinschreibung

S. 17: A 1

Die Mutprobe

Ein Junge kletterte auf das Dach eines Schuppens um den Freunden seinen Mut zu beweisen. Das Dach war aber mit Blättern bedeckt und feucht. Plötzlich glitt er aus und rutschte auf dem Hosenboden die Ziegeln hinab. Glücklicherweise bremste die Dachrinne seinen Sturz. Seine Freunde halfen ihm mit einer Leiter wieder auf den Boden.

A 2

Wo ein Schaf vorgeht, folgen die anderen nach.
Wenn dem Esel zu wohl ist, geht er aufs Eis tanzen.
Der Krug geht so lange zum Brunnen, bis er bricht.
Wer am Ertrinken ist, ergreift jeden Strohhalm.
Wer zuerst kommt, mahlt zuerst.
Wer einem anderen eine Grube gräbt, fällt selbst hinein.

A 3

Pass auf...; Dass wir...; war mir...; Hast du...; Wir kauften...; Zwei Luftmatratzen...; Ich kann mich; dass er immer...; Lassen Sie doch...; Nach dem Unfall...

S. 19: A 1

der mutige Bergsteiger; die spannende Erzählung; ein bissiger Hund; eine lustige Party; der kalte Winter; der laufstarke Mittelstürmer; das schnelle Rennrad; das gesunde Pausenbrot

A 2

die Verwandtschaft, der Reichtum, die Gemeinheit, die Gemeinschaft, die Schickung, das Schicksal, die Ehrlichkeit, das Rinnsal, die Hinderung, das Hindernis, die Heizung, die Sparsamkeit, der Irrtum, das Gefängnis, die Sauberkeit, die Säuberung, die Haltung, die Erlaubnis, die Mühsal, die Freiheit, die Finsterkeit, die Finsternis, die Dummheit, die Heiterkeit, die Gesundheit, die Gesundung

A 3

Waldbrand

Im Sommer, wenn die Trockenheit am größten ist, können leicht Waldbrände entstehen. Es genügt eine glimmende Zigarette um einen großen Brand zu entfachen. Dieser breitet sich dann mit rasender Schnelligkeit aus, wenn ein starker Wind das Feuer anfacht. Es frisst sich durch trockenes Gras und Unterholz und findet in dürren Ästen immer neue Nahrung. Um das Feuer aufzuhalten werden in aller Eile Schneisen in den Wald geschlagen, damit das Feuer dort keine neue Nahrung findet. Löschfahrzeuge fahren heran und die Feuerwehrmänner richten die Wasserkanonen auf die lodernden Flammen. Heute werden auch Löschflugzeuge eingesetzt um die Feuersbrunst einzudämmen. Dennoch werden in südlichen Ländern in jedem Sommer große Waldflächen durch Feuer vernichtet, das in vielen Fällen durch Brandstiftung entstanden ist.

S. 21: A 1

Lieber Daniel!

Alles Gute zu deinem Geburtstag. Wenn ich wieder aus den Ferien zurück bin, will ich dir etwas Schönes schenken. Ich habe hier allerlei Aufregendes erlebt. Davon werde ich dir zu Hause einiges zu erzählen haben.

Das Beste noch zum Schluss: Ich habe Surfen gelernt und kann mich schon gut auf dem Brett halten. Was gibt es bei euch Neues? Lass bald etwas von dir hören!

Viele Grüße
dein Stefan

A 2

Rauschen; Helles; Knacken; hören; Abenteuerliches; auftauchen; Jagen

A 3

Zum Kochen brauchte sie viel Zeit. Vom Reden werde ich leicht heiser. Beim Laufen bekam er Seitenstechen. Im Fallen konnte sich das Kind noch fest halten. Am Sprechen erkannten wir unseren Onkel.

S. 23: A 1

Zweite, Sechs, Drei, Fünfte, Drittbester, zwölf

A 2

auf der Sechs – um halb sieben – am Ersten – in die Zwölf – die Acht – mit fünf – die Null – siebzehn – eine Eins

A 3

Bis er sich entschieden hatte, gab es ein langes Hin und Her. Wir haben in dieser Sache das Für und Wider genau überlegt. Ich werde deine Bitte ohne Wenn und Aber erfüllen. Sie mussten für das ganze Drum und Dran viel Geld bezahlen. Entscheide dich; es gibt nur ein Entweder-oder! Mit Ach und Krach schaffte er am Ende die Versetzung. In der Höhe der Börsenkurse lässt sich oft ein Auf und Ab beobachten. Im Museum sahen wir große Unterschiede in der Zubereitung der Speisen zwischen dem Einst und Jetzt.

S. 25: A 1

der Nahe Osten – das Schwarze Meer – der Thüringer Wald – das Rote Kreuz – das Rheinische Schiefergebirge – die Chinesische Mauer – die dreißigjährige Frau – der Dreißigjährige Krieg – das Tote Meer – das Oberrheinische Tiefland – die eiserne Energie – die Deutsche Bahn – die südeuropäischen Länder – der Atlantische Ozean

A 2

ungarisches Gulasch – Königsberger Klopse – Tiroler Knödel – bayerische Dampfnudeln – italienischer Salat – Schweizer Käse – Lübecker Marzipan – Linzer Torte – westfälischer Schinken

A 3

Der amerikanische Präsident wohnt im Weißen Haus.
Cowboys und Indianer lieferten sich Kämpfe im Wilden Westen.
Am Sternenhimmel sieht man bei genauem Hinsehen den Großen Bären.
Viele Öltanker aus arabischen Häfen fahren durch den Persischen Golf.
Das Ministerium des Außenministers der Bundesrepublik Deutschland heißt Auswärtiges Amt.
Das Gesetzbuch des bürgerlichen Rechts nennt man auch Bürgerliches Gesetzbuch (BGB).
Der Heilige Vater besuchte auf seinen Reisen schon viele Länder der Erde.

S. 27: A 1

Machen Sie Ferien in Hintermoos!
Wenn Sie einmal richtig ausspannen und sich von Ihren alltäglichen Sorgen frei machen wollen, dann kommen Sie nach Hintermoos. Und das können wir Ihnen bieten: Baden in einem herrlich gelegenen Waldschwimmbad, das Ihrer Wirbelsäule gut tun wird, bestens markierte Wanderwege, die Sie zum Bergwandern einladen, einen Reiterhof, der Sie und Ihre Kinder für den Reitsport begeistern wird, und zwei gut geführte Gasthöfe, die Ihnen die schmackhaften Gerichte unserer heimischen Küche servieren. Entschließen Sie sich bald!

A 2

Lieber Michael!
Schon drei Tage liegst du nun im Krankenhaus. Deshalb will ich dir endlich einmal schreiben. Wie fühlst du dich denn so ohne deine Mandeln? Kannst du schon essen? Darfst du aufstehen? Von deiner Mutter weiß ich, dass ihr im Zimmer eine lustige Gesellschaft seid. Du wirst viel Eis essen müssen, das könnte auch mir gefallen. Am Freitag komme ich dich besuchen.

dein Kurt

A 3
Liebe Frau Fröhlich!
Als Sie gestern bei uns weggegangen sind, haben Sie Ihre Schlüssel vergessen. Ich habe sie aber erst heute Morgen gefunden und wundere mich, wie Sie in Ihre Wohnung gekommen sind. Wahrscheinlich hat Ihr Wohnungsvermieter Ihnen öffnen können. Ich habe meine Nachbarin gebeten, dass sie Ihnen die Schlüssel morgen zur Hauptpost mitbringt. Sie sind sicher froh, dass Sie sie endlich wiederhaben.

Ihre Eva Schmitt

S. 29: A 1

Adverb	Adverb auf -s	Nomen mit Artikel	Nomen mit Präposition
später heute morgen	nachts abends morgens	(vor) dem Abend der Abend	am Tag am Morgen am Abend gegen Abend am Nachmittag

A 2
Der Morgen – Am Mittag – Gegen Abend – Heute Morgen – mittags – morgen Nachmittag – morgens

A 3
gestern – Morgen – heute – Nachmittag – Abend – Nacht – Morgen – vormittags – morgen

S. 31: A 1
Leid – recht – schuld – Angst – Unrecht – angst – Schuld – pleite

A 2
donnerstags – mittels – angesichts – seitens – nachts – falls – rechtens

A 3
durch dick und dünn – von nah und fern – schwarz auf weiß – über kurz oder lang

S. 33: A 1
Tieren – gefährlichste – stärksten – blutrünstigste – drittgrößte – Haiarten – kleineren – Insektenstichen – schmerzhaftesten – Verletzungen – wirksamsten

A 2
etwas anderes – niemand – die beiden – das wenigste – jemand – mancher

A 3
vieles – wenig – viel – vielen anderen – einen – anderen – viele – anderen

S. 34: A 1
(1) neun (R 8) – (2) Rande (R 3) – (3) Wunsch (R 3) – (4) nachts (R 13) – (5) Rote Meer (R 10) – (6) Indischen Ozean (R 10) – (7) anderem (R 19) – (8) Bummeln (R 6) – (9) Zeit (R 3) – (10) anderes (R 19)

A 2
Betrachten – Interessantes – meisten – Formulieren – Lesenden – Verkaufen – Feiern – angenehmen

S 35: A 3 a)
Wie die Schildbürger zu törichten Leuten wurden
Im Mittelalter lag mitten in Deutschland eine Stadt, die Schilda hieß. Die Einwohner dieser Stadt nannte man deshalb Schildbürger. Alles, was diese merkwürdigen Leute anpackten, machten sie verkehrt, denn sie nahmen alles wörtlich. Wenn jemand zu ihnen sagte: „Ihr habt ja ein Brett vorm Kopf!“, dann griffen sie sich vor den Kopf und wollten das Brett entfernen. Ihre Dummheit sprach sich im ganzen Land herum und brachte einige fast zur Verzweiflung. Es lachten aber auch viele über sie und konnten gar nicht genug Geschichten über die törichten Schildbürger hören.
Natürlich fragten sich auch manche Leute, weshalb die Schildbürger so viele tolle Streiche lieferten. Dafür gab es eine Erklärung. Der Sage nach waren nämlich die Schildbürger früher besonders aufgeweckte und kluge Leute. Das sprach sich bald im ganzen Land herum. Wenn sich die Leute anderswo keinen Rat mehr wussten, so kamen Boten von nah und fern nach Schilda um sich dort Ratschläge zu holen. Viele Schildbürger gingen auch als Ratgeber an Fürsten- und Königshöfe, so dass sie nur noch selten zu Hause waren und ihren Frauen das Wirtschaften überließen. In Schilda entstand bald ein großes Durcheinander. Schließlich traten die Frauen zusammen und schrieben ihren Männern in der Fremde einen Brief, dass sie schleunigst nach Schilda zurückkommen sollten. Nachdem die Männer zurückgekommen waren, berieten sie über ihr künftiges Verhalten. Sie wollten erreichen, dass sie nicht mehr um Rat gefragt wurden.
Da hatte einer der Schildbürger eine Idee: „Unsere Klugheit ist schuld daran, dass wir in diese Lage gekommen sind, vielleicht kann uns die Dummheit retten.“ Und so beschlossen sie sich dumm zu stellen, damit man sie künftig nicht mehr um Rat fragte. Nur der Lehrer hatte Bedenken. Er meinte, dass man vielleicht auch dumm werden könnte, wenn man sich lange genug dumm stellte, aber die Schildbürger hörten nicht auf ihn.

3 b)

Wie (R 2) – Leute (R 3) – Ihr (R 1) – viele (R 19) – nah und fern (R 17) – Wirtschaften (R 6) – Durcheinander (R 9) – Verhalten (R 6) – schuld (R 15) – Und (R 1)

2. s-Laute

S. 41: A 1
Eisen, kreise (!), kreisen, Preise, Rose, Rosen, Meise, Meisen, Brause, Brausen, Drüse, Drüsen, Muse, Musen, Käse, Riese, Riesen, rase (!), rasen, Wesen, löse (!), lösen, speise (!), speisen, Rasen, preisen, preise (!), Besen

A 2
Bremse, Samstag, Amsel, emsig – Gänse oder Gämse, Binse, Pinsel, Sense – Puls, Fels, also, Hülse – Ferse, Vers, Person, Mars

A 3
lesen, er las, er hat gelesen – lösen, er löste, er hat gelöst – speisen, er speiste, er hat gespeist – reisen, er reiste, er ist gereist – preisen, er pries, er hat gepriesen – blasen, er blies, er hat geblasen – grasen, er graste, er hat gegrast – bremsen, er bremste, er hat gebremst

A 4
Gräser – Gras, Gläser – Glas, Greise – Greis, Häuser – Haus, Läuse – Laus, Kreise – Kreis, Preise – Preis, Beweise – Beweis, Gleise – Gleis, Felsen – Fels, Kurse – Kurs, Hälse – Hals, Gänse – Gans, Lose – Los, Verliese – Verlies, Gase – Gas

S. 43: A 1
Kurzer Vokal vor dem s-Laut: Schlüssel, Messer, Schlösser, gerissen, Schlüsse, verpassen, Kessel, Sessel, fassen, bissig.
Langer Vokal vor dem s-Laut: stoßen, fraßen, gießen, Größe, ließen, saßen.

A 2
Kessel, Kasse, Kassen, Kassel, Kissen, Klasse, Klassen
Risse, Rüssel, Rasse, Rassel
Schüsse, Schüssel, Schlüsse, Schlüssel, Schlösser
Nässe, Nüsse, Masse, Massen, Messe, Messen
Fässer, Flüsse, Flüssen, Flosse, Flossen, Fessel
Bisse, Bissen, Bässe, Busse, Bussen

A 3
essen, du isst, gegessen, iss!
passen, er passt, gepasst, pass auf!
fassen, er fasst, gefasst, fass!
lassen, er lässt, gelassen, lass!
fressen, er frisst, gefressen, friss!
messen, du misst, gemessen, miss!

A 4
Flüsse, Drossel, Rüssel, Klasse, Messer, Wasser, Schlüssel, Schlösser

S. 45: A 1
beschließen, begießen, verschließen, versüßen, verfließen, vergießen, zerfließen, aufschließen, aufgießen

A 2
Fußball, Spaßvogel, Schoßhund, Straßenbelag, Reißverschluss, Großfeuer, Süßspeise, Maßanzug

A 3
Gruß – grüßen; Buße – büßen, bußfertig; Spieß – spießen, spießerhaft; Fleiß – fleißig; Spaß – spaßen, spaßig; Stoß – stoßen, anstößig; gießt – gießen; fließt – fließen; schießt – schießen; heißt – heißen; reißt — reißen; schließt – schließen

A 4
scheußlichen – Mittagessen – saßen – ließen – heißer – entschlossen – größer – größer – mussten – vergaßen – Füße – so dass – mussten – goss – Nässe – reißenden – schließlich – Straße – gießen – saßen

S. 47: A 1
Er hörte, dass sein Vater krank sei.
Alle finden, dass du gut aussiehst.
Ich verspreche dir, dass ich dir helfen werde.
Jeder merkt, dass die Tage kürzer werden.
Ich hoffe, dass niemand meinen Geburtstag vergisst.
Ich bitte dich, dass du mir endlich verzeihst.

A 2
Mein Bruder behauptet, dass er fleißiger war als wir. usw.

A 3
Wissenschaftler meinen, dass vieles, was über Kreuzottern geschrieben wurde, nicht stimmt. Heute weiß man, dass erst 100 Milligramm des Giftes dieser Schlange einem Erwachsenen gefährlich werden können. Durch Bissproben hat man herausgefunden, dass beim Schlangenbiss aber nur 10 Milligramm Gift frei werden. Deshalb emp-

fehlen die Wissenschaftler, dass nur kleine Kinder und alte Leute ein Gegengift erhalten sollen. Auch die Meinung, dass man den gebissenen Körperteil abbinden soll, wird als falsch bezeichnet. Es ist sehr gut, dass wir heute mehr über Kreuzottern und ihr Verhalten wissen, damit wir auf diese Tiere richtig reagieren können.

S. 49: A 1

Das Fahrrad, das mir gehört, ist verkehrssicher.
Das Spiel, das wir ausgedacht haben, hat mir gut gefallen.
Das Buch, das ich gestern gelesen habe, war sehr spannend.
Das Gewichtheben, das ich regelmäßig übe, hält mich fit.
Das Schnitzel, das er heute Mittag gegessen hat, war sehr saftig.
Das Endspiel, das wir gesehen haben, war sehr dramatisch.

A 2

Das darf doch nicht wahr sein! – Mir hat das kleinere Schränkchen besser gefallen. – Bist du auch der Meinung, dass er Recht hat? Wie viel kostet das Fahrrad, das dort drüben steht? – Ich habe das wirklich vergessen.

A 3

„Das wird sicher lustig“, sagte mein Bruder, als wir zum Volksfest aufbrachen, das am vergangenen Wochenende auf dem Festplatz stattfand. Schon von weitem sahen wir das große Festzelt, das mit bunten Wimpeln geschmückt war. „Meinst du nicht, dass wir gleich das Karussell ausprobieren sollten?“, fragte mich mein Bruder. Das war mir nur recht. Und bald saßen wir angeschnallt in dem engen Wagen und warteten auf das Startsignal. Dann setzte sich das Karussell in Bewegung und drehte sich immer schneller. Ich merkte, dass mir etwas flau im Magen wurde. „Das wird doch gut gehen“, dachte ich bei mir. Schneller sauste der Wagen über die kreisförmige Bahn, dass mir das Blut in den Schläfen hämmerte. Aber dann ging das grausame Spiel zu Ende und mit unsicheren Schritten folgte ich meinem Bruder zur nächsten Attraktion.

3. Konsonantenverdopplung (Kürzung)

S. 55: A 1

Ritte, Rille, Rippe, Riffe, Rinne – schallen, scharren, schaffen – Hütte, Hülle – Grille, Grippe, Griffe – schnallen, schnarren, schnappen – Pappe, Panne

A 2
die Hütte, füllen, der Herr, der Stall, der Wall, der Schall, die Kelle, das Bett, das Schiff, wirr, die Mitte, der Kamm

A 3
hoffen – Hoffnung, irren – Irrtum, sammeln – Sammlung, vermitteln – Vermittlung, verdoppeln – Verdopplung, zerren – Zerrung, stimmen – Stimmung, betteln – Bettler, prellen – Prellung, kennen – Kenntnis, stellen – Stellung, fassen – Fassung (Es sind auch andere Lösungen möglich: Irrsinn usw.)

A 4
fällig, Narr, Elle, Fell, nett, alle, toll, bestimmt, stimmt, treffen, reffen, Fülle, Füllen, Felle, Fett, innen, Galle, Rotte, Grotte (Man könnte auch noch unterscheiden zw. Füllen u. füllen.)

S. 57: A 1
Kanne – Kante, Wolle – Wolke, Karren – Karten, Rinne – Rinde, Ballon – Balkon, Zinn – Zink, Kinn – Kind, Falle – Falte, Tasse – Taste, Halle – Halme (Bei einigen Wörtern sind mehrere Lösungen möglich, z.B. Zinn – Zins.)

A 3
erleben – Erlebnis – Erlebnisse; wagen – Wagnis – Wagnisse; verhalten – Verhältnis – Verhältnisse; erkennen – Erkenntnis – Erkenntnisse
Freund – Freundin – Freundinnen; Schüler – Schülerin – Schülerinnen; Lehrer – Lehrerin – Lehrerinnen; König – Königin – Königinnen

S. 59: A 1
verdecken, verdeckt, verstecken, versteckt, verdreckt, verdrecken, verdrucken, verdruckt, ansteckend, anstecken, andrucken, abdecken, abstecken, abdrucken, eindecken, einstecken, kalken, Kerker, Korken, parken, Parker, melken, Melker, merken, walken, welken, wanken, wirken, winken, wirklich, Wolken

A 2
(Zu den vorgegebenen Verben gibt es jeweils verschiedene abgeleitete Nomen.) Z.B. packen – Packung, schmecken – Geschmack, backen – Gebäck, wecken – Wecker, strecken – Strecke, locken – Locke, hocken – Hocker, drucken – Druckerei, rücken – Rücksicht, blicken – Blicke

A 3
Die Kinder spielen Versteck. Im alten Ritterschloss soll es spuken. Er erzählte mir davon beim Frühstück. Beim Mittagessen kaute

mein Bruder mit vollen Backen. Mein Anorak hängt am Garderobehaken. Wir bestellten erfrischende Getränke. Bei der Wanderung trug er einen Rucksack auf dem Rücken. Die Autofahrer hatten bei dem Unfall Glück im Unglück. Wir parkten unsere Sporträder am Waldrand. Die Mücke ist oft ein lästiges Insekt. Heute Morgen musste mich meine Mutter zweimal wecken. Der Bus hielt lange an der Bahnschranke.

A 4
Päckchen, Speck, Bäcker, Deckel, Flecken, Hecken

S. 61: A 1
Heizung, Kreuzung, Kreuze, Weizen, nützen, nützlich, Mütze, Mützen, schützen, Pfütze, Pfützen, stützen, plötzlich

A 2
Fadenkreuz, Dreisatz, Augenarzt, Katastrophenschutz, Wasserpfütze, Bärentatze, Bauholz, Hausputz, Maitanz, Bierfilz

A 3
1. Mütze, 2. Gewürze, 3. schmutzig, 4. schmatzen, 5. plötzlich, 6. Purzelbaum, 7. Weizen, 8. Bergspitze, 9. Schnitzel, 10. winzig

4. Schwierige Konsonantenschreibungen

S. 67: A 1
Band, blind, Wind, bunt, rund, gesund, Feld, Zelt, Leid, Rand, Sand, Freund, leuchtend, Fahrrad, Tat, Brand, geschwind, Vorwand, Abstand, Lösegeld, Maisfeld, Samtkleid

A 2
sie liebt – lieben, sie gibt – geben, sie pumpt – pumpen, sie klebt – kleben, sie bleibt – bleiben, sie treibt – treiben, sie hebt – heben er pflegt – pflegen, er kriegt – kriegen, er schweigt – schweigen, er trinkt – trinken, er fliegt – fliegen, er lügt – lügen, er springt – springen

A 3
siegen, du siegst, der Sieg; geben, du gibst, die Gabe; biegen, du biegst, die Biegung; liegen, du liegst, die Liege; klagen, du klagst, die Klage; fliegen, du fliegst, die Fliege; heben, du hebst, die Hebung; schweben, du schwebst, die Schwebe

S. 69: A 1
decken, entdecken, er entdeckt, Entdeckung

hüllen, enthüllen, er enthüllt, Enthüllung
beschuldigen, entschuldigen, er entschuldigt, Entschuldigung
scheiden, entscheiden, er entscheidet, Entscheidung
führen, entführen, er entführt, Entführung
spannen, entspannen, er entspannt, Entspannung
lasten, entlasten, er entlastet, Entlastung
eignen, enteignen, er enteignet, Enteignung

A 2
beenden, unendlich, Unendlichkeit, verenden, Ende, enden, endlich, Endlichkeit, Endung, Endungen, beendigen, Beendigung

A 3
Endziel, Endspiel, Endspurt, Endrunde, endgültig, endlos, Endkampf, Endergebnis, Endgeschwindigkeit, Endsilbe, Endverbraucher, Endreim, Endlauf, Endsumme

A 4
entsetzlich, endgültig, Entscheidung, Entwurf, Entlassung, Entdeckung, endlos, Endlauf, entlang, Endrunde, entgehen, Endsilbe, entsagen, Entspannung, entreißen

S. 71: A 1
todkrank, todmüde, todernst, Todestag, Todesanzeige, Todesgefahr
totlachen, totfahren, totarbeiten, totenbleich, Totenstille, Totschlag

A 2
den Tod, getötet, Verkehrstoten, bei den tödlichen Unfällen, die Zahl der Toten, vor dem Tode

A 3
ihr seid angekommen; ihr seid ausgegangen; ihr seid geblieben; ihr seid ertappt; ihr seid ermüdet
seit seinem Unfall usw.

A 4
Innenstadt, Vorstadt, Kleinstadt, Altstadt, Kreisstadt, Vaterstadt, Industriestadt, Weltstadt
verwandt, gewandt, ungewandt, angewandt, redegewandt, abgewandt

S. 73: A 1
absichtlich usw. freundlich usw.
glücklich usw. öffentlich usw.
billig usw. häufig usw.

A 2
Abfall – abfällig; Polizei – polizeilich; Abenteuer – abenteuerlich; Nebel – neblig, Ekel – eklig; Mann – männlich; Schwindel – schwindlig, Ende

– endlich; Langeweile – langweilig; Angst – ängstlich; Haar – haarig; Sport – sportlich; Raum – räumlich; Holz – holzig; Nacht – nächtlich; Wort – wörtlich; Zufall – zufällig, Absicht – absichtlich; Last – lästig; Jugend – jugendlich; Amt – amtlich; Spaß – spaßig; Trauer – traurig; Eifer – eifrig; Gast – gastlich; Fels – felsig; Arzt – ärztlich; Leichtsinn – leichtsinnig; Gesetz – gesetzlich; Riss – rissig; Biss – bissig

A 3
abenteuerliche – heftig – unfreundlichen – langweilig – tatsächlich – glücklich – schließlich – ziemlich – plötzlich – wirklich – steinig – gefährlich – rechtzeitig – hoffentlich – endlich – richtig

A 4
ein sonniger Tag, ein plötzlicher Regen, ein pünktlicher Anfang, eine gemütliche Pause, eine rechtzeitige Warnung, ein fröhliches Fest

S. 75: A 1
Frieden, Frevel, Frosch, Früchte, Freizeit, Frechdachs, Frankreich, Fragen, Frechheit, Freiheit, Fremdwort, Fräulein, Freitag, Freude Flüsse, Flasche, Flecken, Flocken, Fleisch, Fließband, Flossen, Flugzeug, Flanke, Flucht, Flutlicht, Fliege, Fleiß, Flüchtling

A 2
entfallen, Vorfall, vorfallen, vielfältig, auffallen, einfallen, einfältig, Einfall, entfahren, entführen, Entführung, erfahren, Erfahrung, vorfahren, Vorfahren, vorführen, Vorführung, anfahren, anführen, Anführung

A 3

Nomen:	Verzug, Verkauf, Verfall, Verstand, Verrat, Vorteil, Vorzug, Vorfall, Vorstand, Vorrat, Vollzug, Vieleck
Verben:	verbinden, versammeln, verlaufen, verziehen, versorgen, vorbinden, vorlaufen, vorziehen, vorsorgen, voll laufen, vollziehen
Adjektive:	verständig, vollwertig, vollständig, vielwertig, vielfach

A 4
massiv, Vulkan; Adjektiv, Verkehr; Detektiv, Vorsicht; brav, Vogelart; objektiv, Vase; explosiv, Vorteil; negativ, Ventil; Sehnerv, Vieh; aktiv, Vorrat

S. 77: A 1
Wachs, wachsen, Füchse, Büchse, Büchsen, erwachsen, Dachs, Dachse, Eidechse, Eidechsen, Luchs, Luchse, luchsen, Deichsel, Achse, Achsen, Achsel, Ochse, Ochsen, Echse, Echsen

A 2
Faxen, Hexe, Boxen, Taxi, Axt, kraxeln, Nixe, Lexikon, Text

A 3
quer: überqueren; Quelle: hervorquellen; Quirl: quirlen; quittieren: Quittung; quälen: Qual; bequem: Bequemlichkeit, quetschen: Quetschung; Qualm: qualmen; einquartieren: Quartier; quadratisch: Quadrat

A 4
Quelle, Quiz, Quadrat, quer, quitt

5. Getrennt- und Zusammenschreibung

S. 81 A 1
du schlussfolgerst – sie schlussfolgerte; du widersprichst – sie widersprach; du hintergehst – sie hinterging; du wiederholst – sie wiederholte; du wetteiferst – sie wetteiferte; du langweilst – sie langweilte; du wehklagst – sie wehklagte

A 2
a) stattgeben, stattfinden, teilnehmen, teilhaben; heimgehen, heimzahlen, heimleuchten, heimbringen; irreführen, irreleiten
b) Sie gaben der Bitte statt. Die Aussprache fand gestern statt. usw.

A 3
Diese beiden Wörter werden zusammengeschrieben.
Sie wollte ihr Geheimnis auf keinen Fall preisgeben.
Manche hinterziehen Steuern, indem sie schwarzarbeiten.
In der Wahlnacht werden Ergebnisse auf Grund früherer Erfahrungen hochgerechnet.
Will man sich etwas auf Dauer sicher einprägen, so muss man öfter wiederholen.
Wem man eine Schuld nicht nachweisen kann, den muss man freisprechen.
Am Beginn der Mathematikstunde sollten die Schüler kopfrechnen.
Am Abend wollen viele Leute am liebsten gemeinsam fernsehen.
Wer kein Hobby hat, wird sich in seiner freien Zeit oft langweilen.
Wer andere bewusst täuscht, versucht sie irrezuführen.

S. 83: A 1
weghören, anhören, abhören, umhören, herhören, mithören, überhören, aufhören, zuhören
weggeben, angeben, abgeben, nachgeben, umgeben, hergeben, mitgeben, übergeben, vorgeben, aufgeben, ausgeben, zugeben
anschreiben, abschreiben, nachschreiben, umschreiben, mitschreiben, überschreiben, vorschreiben, aufschreiben, ausschreiben, zuschreiben

weglegen, anlegen, ablegen, nachlegen, umlegen, herlegen, überlegen, vorlegen, auflegen, auslegen, zulegen

A 2
Was gibt es denn da zu sehen? – Bei diesem Angebot solltest du unbedingt zugreifen. – Damit er mir half, musste ich ihm gut zureden. – Er wollte seinen Fehler schließlich zugeben. – Ihr braucht mich nur zu rufen. – Der Hund kann mit seinen scharfen Zähnen schnell zubeißen. – Kannst du mir nicht einmal genau zuhören?

A 3
zuvorkommen – gegenübersitzen; zurechtrücken – dafürsprechen; hintenüberfallen – vorübersausen; widersprechen – niederbeugen; übereinstimmen – hindurchsehen; hervorheben – drauflosschimpfen; beisammenhocken – vorausblicken; davonstehlen – heraufschallen

S. 85: A 1
Durch die Sommerhitze wurde der Asphalt butterweich.
Seine Betrügereien wurden jahrelang nicht entdeckt.
Manche Aussagen in der Werbung sind irreführend.
Der Lottokönig nahm seinen Gewinn freudestrahlend entgegen.
Mann und Frau sollten in gleicher Weise selbstbewusst im Beruf stehen.
Der Saum des selbst geschneiderten Kleides war fingerbreit.

A 2
Wegen seiner Krankheit war er nicht imstande zu trainieren. – Das Fieber fiel immer tagsüber. – Deinetwegen mussten wir die Fahrt vorzeitig abbrechen. – Der harte Frost hat zweifelsohne der Saat geschadet. – Inmitten der Häuser lag etwas versteckt der Spielplatz. – Nachdem wir die Fahrräder einen steilen Berg hinaufgeschoben hatten, ging es einige Zeit nur bergab. – Infolge ihres ausdauernden Trainings verbesserten sich ihre Leistungen erheblich.

A 3
irgendein, irgendwann, irgendwo, irgendetwas
superklug, supermodern, superreich, superschnell
bitterböse, bitterkalt, bitterernst, bitterarm

A 4
fernsehmüde, hitzebeständig, lebensfremd, werbewirksam, angsterfüllt, bahnbrechend, selbstsicher, sonnenarm

S. 87: A 1
kennen lernen, schätzen lernen, schreiben lernen; fallen lassen, stehen lassen, liegen lassen; spazieren gehen, verloren gehen; kleben

bleiben, stecken bleiben, stehen bleiben; gefangen nehmen; spazieren fahren
Ich möchte dich gerne kennen lernen. Usw.

A 2
Das Lösen des Rätsels ist uns nicht schwer gefallen. – Du musst die Schleife ganz fest binden. – Viele wollen im Berufsleben rasch vorwärts kommen. – Freunde werden auch in schlechten Zeiten aneinander denken. – Bergsteiger, die am gleichen Seil gehen, müssen einander vertrauen. – Bei deiner Hilfe wird es uns leicht fallen, die Arbeit zu Ende zu führen. – Wenn der Winter kommt, geht es vielen Singvögeln bei uns schlecht. – Der Erzähler kann in seinem Roman dem Leser die Hauptperson gut nahe bringen. – In der Fabel will sich der Löwe nicht mit dem gleichen Anteil der Beute zufrieden geben. – In meiner Urlaubskarte schreibe ich, dass es mir auf der Insel sehr gut gefällt.

A 3
Die beiden Wörter werden zusammengeschrieben. – Wollen wir den Text heute zusammen schreiben?
Ich werde mir das Buch aus seiner Wohnung wieder holen. – Kurz vor der Arbeit solltest du das Gelernte noch einmal wiederholen.
Das Referat werde ich heute frei sprechen. – Nach dem Prozessverlauf kann das Gericht den Angeklagten nur freisprechen.
Die Bank wird das Geld auf meinem Konto gutschreiben. – Er konnte mit seinem neuen Füller gut schreiben.
Der Polizist hat die Aussagen der Zeugen schriftlich festgehalten. – Beim Warten hat die Mutter das Kind fest gehalten.

S. 89: A 1
Nur mit einem Führerschein darf man Auto fahren.
Zum Geburtstag will ich dir viel Glück wünschen.
Auf dem zugefrorenen Weiher kann man Schlittschuh laufen.
Vor dem Zaun mussten wir beim Joggen Halt machen.
Auf dem verschneiten Weg wollen die Kinder Schlitten fahren.
Bei der Schreibung dieses Wortes musst du Acht geben.
Zum Training meiner Muskeln werde ich häufig Rad fahren.
Am Nachmittag will ich in meinem Zimmer Radio hören.

A 2
Sollten wir nicht rechtzeitig von der Wanderung zurück sein, braucht ihr nicht auf uns zu warten.
Die Sportlerin wollte bei den Olympischen Spielen auf jeden Fall dabei sein.
Heute Abend wollen sie mit dem Streichen des Zaunes fertig sein.
Für ein Lagerfeuer und zum Grillen sollte immer genug trockenes Holz vorhanden sein.

Alle müssen bereit sein zusammenzuarbeiten, wenn das Umweltschutzprojekt ein Erfolg werden soll.
Mit seinem Beitrag zum Projekt konnten wir auf jeden Fall zufrieden sein.
Wie mag einem Kind zumute sein, das sein Lieblingstier durch einen Unfall verliert?

A 3
zu Hause, nach Hause, ein bisschen, gar kein, gar nicht, auf Wiedersehen, beisammen sein, auf einmal, immer noch, noch einmal

6. Dehnungsschreibungen

S. 93: A 1

Längenzeichen h:	Mohr, Rohr, fahr, Jahr, Wehr, ihr, mehr, sehr
e nach i:	Tier, vier, Bier, hier
doppelter Vokal:	Moor, Maar, Paar, Haar, leer, Heer, Teer, See, Tee
ohne Längenzeichen:	gar, Tor, vor, mir, dir, der, quer, her

A 2

uh:	Aufruhr, Huhn, Stuhl, Ruhm
u:	Kuchen, Minute, Ruder, Tugend
üh:	Kühlung, Gebühr, Bühne, Mühle, Gefühl
ü:	trüben, müde, Zügel, drüber, Flügel

A 3
Mehrfach vorkommende Wörter sind nur einmal vermerkt.

Längenzeichen h:	obwohl, führen, Fähren, Fahrzeuge, ihnen, Stahlseil, Fähre, Fährmann, Überfahrt
e nach i:	die, viele, angetrieben, getrieben, hier
doppelter Vokal:	Booten, Idee
ohne Längenzeichen:	es, über, Motor, der, den, Strömung, Ufer, natürlich, er, zusammenstößt, gute, Überfahrt, Spaß

S. 95: A 1
Saal, Paar, Haar, Heer, Teer, Beet, Fee; Speer, Beere, Waage, Staat, Tee, See, Aal, Aas; Saat, Idee, Klee, Boot, Moor, Moos, Zoo

A 2
1. Moor, 2. Idee, 3. leer, 4. Paar, 5. Boot, 6. Waage, 7. Speer, 8. Reede, 9. Gelee, 10. Schnee

A 3
Der Unfall, den ich hatte, war mir eine Lehre. – Sie isst gerne schwarze Mohrenköpfe. – Große Tankschiffe befahren alle Meere. – In dem ausgeräumten Zimmer erschrak ich vor der Leere. – Gegen Wirbelsäulenschäden helfen oft Moorbäder. – Vom Segeln verstehe ich mehr als mein Bruder.

S. 97: A 1
fehlen, zahlen, stehlen, mahlen – nahm, Lehm, zahm, Rahm – Zähne, Bühne, Mähne, Sühne – kehren, fahren, zehren, wehren, wahren

A 2
(Hier sind verschiedene Lösungen möglich.)
Lehrer – lehren, belehren; Zähler – zählen, erzählen; Fühler – fühlen, einfühlen; Mahner – mahnen, ermahnen; Wohnung – wohnen, bewohnen; Rahmen – einrahmen, umrahmen; Führer – führen, entführen; Ziehung – ziehen, erziehen; Fehler – fehlen, verfehlen

A 3
Zahlen, zählen, wählen, wühlen, fühlen, Fohlen, Kohlen
Fahne, Sahne, Sühne, Bühne, Bohne, Bohle, Sohle

S. 99: A 1
Ziel, Ziegel, Dieb, Spiel, Spiegel, Kiel, Kiefer, Stiel, Hieb, Schiefer, Diele, Liege, Lied, Wiege, Fliege, Glied, Schwiele

A 2
frieren, mieten, kriegen, kriechen, zielen, zieren, spielen, siechen, siegen, sieben, biegen, bieten, schielen, schieben

A 3
Nomen: Brief, Frieden, Knie, Papier, Spiel, Tier
Verben: anziehen, fliegen, fließen, gießen, gratulieren, interessieren, gekriegt, ließ, passieren, probieren, schließen, schrieb, schrie, siehst, spazieren, telefonieren, verlieren, ziehen
Adjektive: friedlich, lieb, neugierig, schwierig, tief, viel, zufrieden

S. 101: A 1
Medizin, Kamin, Ventil, Rosine, Automobil, Benzin, Maschine, Gardine, Vitamine, Praline, Termin, Krokodil, Lawine, Mandarine, Ruine, Ruin

A 2
1. Kino, 2. Lokomotive, 3. Fibel, 5. Violine, 5. Apfelsine, 6. Biber, 7. Bibel, 8. Kaninchen, 9. Margarine, 10. Tiger

A 3
Scheibengardine, Umkleidekabine, Dampfturbine, Ölsardine, Ausstellungsvitrine, Burgruine, Bleistiftmine, Wüstenbeduine, Handelsmarine, Suppenterrine, Blutapfelsine, Waschmaschine

S. 103: A 1
Industrie, Fotografie, Amnestie, Ironie, Demokratie, Theorie, Biologie, Energie, Chemie, Sinfonie, Kopie, Garantie, Melodie, Poesie, Sympathie, Allergie, Akademie, Prärie, Drogerie, Therapie

A 2
Sie machte gute Miene zum bösen Spiel. – Soll ich Ihnen den Kaffee mahlen? – Drei Kandidaten standen zur Wahl. – Sie hat mir ein schönes Bild gemalt. – Durch den Walfang sind die großen Meeressäugetiere fast ausgerottet worden. – Die Mine meines Kugelschreibers ist fast leer. – Während der Wanderung sangen wir ein fröhliches Lied. – Du musst den Stil deines Aufsatzschreibens verbessern. – Für mein Beil brauche ich einen neuen Stiel. – In Indien tragen Angehörige hoher Kasten ein Mal auf der Stirn. – Tränen quollen unter seinen Lidern hervor. – Zur Abendzeit gab es nur ein bescheidenes Mahl.

A 3
„Du kommst schon wieder zu spät“, sagte ich zu meinem Bruder, „das darf sich nicht wiederholen!“ „Da muss ich dir widersprechen“, erwiderte er, „nach meiner Uhr bin ich pünktlich. Ich wollte doch um 5 Uhr wieder da sein.“ Da es mir widerstrebt, mich mit meinem Bruder zu streiten, beendete ich das Gespräch.

S. 105: A 1
(Hier sind verschiedene Lösungen möglich.)
reden, die Rede, Redezeit; bluten, die Blutung, Blutspende; schonen, die Schonung, Fichtenschonung; hören, der Hörer, Hörgerät; verschwören, der Verschwörer, Verschwörermiene; beten, das Gebet, Gebetbuch; leben, das Leben, Lebenszeit; klagen, die Klage, Klagelied; graben, der Graben, Wassergraben; stören, die Störung, Bildstörung

A 2
1. Schere, 2. Blume, 3. Träne, 4. Leder, 5. Faden, 6. Kran, 7. Hose, 8. Vater, 9. Krone, 10. Strom, 11. Flöte, 12. Schule

A 3
Gehör, gehört, gehören, gehörig, anhören, verhören, verhört, unhörbar, hörbar, hörig, hören, hört
Erholung, erholt, erholen, erholsam, einholen, überholen, überholt, abholen, holt, holen

7. Schwierige Vokalschreibungen

S. 111: A 1

Fährschiff – fahren; Gepäck – packen, mächtig – Macht; Empfänger – Empfang; verlängern – lang; verlässlich – lassen; Erwärmung – warm; gedrängt – Drang, jährlich – Jahr; kräftig – Kraft; Wählerin – Wahl; unzählig – Zahl; ärztlich – Arzt; Veränderung – anders; beängstigend – Angst; Sitzplätze – Platz; behände – Hand

A 2

-schlaf-, Schläfer, schläfrig; -lang-, Länge, verlängern; -zahl-, zählen, erzählen; -gefahr-, gefährlich, Gefährdung; -nah-, Nähe, nähern; -ganz-, ergänzen, gänzlich; -kalt-, Kälte, erkälten; -scharf-, Schärfe, einschärfen; -kampf-, kämpfen, bekämpfen; -wachs-, Gewächs, Gewächshaus

A 3

Säcke (Sack), Äste (Ast), betätigen (Tat), **bedecken**, Ermäßigung (Maß), **Umgehung**, Behälter (behalten), erkälten (kalt), besänftigen (sanft), Erklärungen (klar), Fächer (Fach), **verkehrt**, wählerisch (Wahl), entwässern (Wasser), lächerlich (lachen), verlängern (lang), Verräter (Verrat), verändern (anders), nächtlich (Nacht), erträglich (tragen), prächtig (Pracht)

S. 113: A 1

(mehrere Lösungen möglich) Haufen – häufig, häufen, Strauch – Sträucher, rauben – Räuber, Raum – räumlich, bauen – Gebäude, sauer – säuerlich, Baum – Bäume, Frau – Fräulein, kaufen – Käufer, sauber – säubern, laut – läuten, Kraut – Kräuter

A 2

Baum, Bäume, einzäunen, Bräune, Traum, Träume, braun, bräunen, Zaun, Zäune, Zaum, Zäume, Raub, Räuber, Raum, Räume, Raute, träumen, Laut, Laute, Laune, Launen, Laub, Schaum, Schäume, sauber, säumen, lauten, laut, läuten

A 3

läuten (laut), **deutlich**, **Meute**, ausräumen (Raum), Verkäuferin (kaufen), Fräulein (Frau), Salzsäure (sauer), abergläubisch (Glauben), vorläufig (laufen), **Beutetier**, äußerlich (außen), geläufig (laufen), gebräuchlich (brauchen), Geräusche (rauschen), einzäunen (Zaun), enttäuscht (tauschen), verträumt (Traum)

A 4

Neulich war ich in den Ferien bei Freunden zu Besuch. Sie leben in einem schönen Bauernhäuschen. Um das Haus liegt ein großer Garten mit alten Bäumen und Sträuchern. Ihre Nachbarn sind nette Leute; sie zeigten uns die Ställe und die Scheune, in der es viele Mäuse gibt. Man hörte ihre deutlichen Geräusche. Die Bäuerin führte uns auch durch die alten Räume in dem Wohngebäude.

S. 115: A 1

(Hier sind verschiedene Lösungen möglich.)

Kai – Schiffskai; Hai – Haifische; Waise – Waisenhaus; Saite – Violinsaite; Laib – Brotlaib; Kaiser – Kaiserdom; Mai – Mailied; Laich – Froschlaich;

Eifer – Eifersucht; Geige – Geigenspiel; Weise – Schreibweise; Seite – Straßenseite; Leib – Leibspeise; Bein – Beinkleid; Seide – Seidenkleid; Zeichen – Zeichensprache

A 2

Leim, Leiche, Leiter, Seite, sein, Meise, mein, Reim, Reiche, Reiter, Reise, reite, reiche, rein, Keim, kein, Weite, Weiche, Wein, Weise; Laich, Saite, Main, Rain, Kain, Waise

A 3

Bringe mir aus dem Bäckerladen einen Laib Brot mit! – Am Feldrain wachsen seltene Pflanzenarten. – Aus dem Froschlaich entwickeln sich die Kaulquappen. – Wir versuchen unser Baumhaus auf einfache Weise zu errichten. – Auf seiner Violine ist eine Saite gesprungen. – Er trug einen breiten Gürtel um seinen Leib. – Die Schiffe gerieten in einen schweren Taifun. – Durch den Unfalltod der Eltern wurde sie zu einer Waise. – Karl der Große wurde im Jahr 800 nach Christi Geburt zum Kaiser gekrönt. – Die Schiffe machten nach der Überfahrt am Kai fest. – Der Main mündet in Mainz in den Rhein. – Die letzte Seite des Buches blieb leer.

8. Fremdwörter

S. 119: A 1

ea:	Team, Jeans, Dealer
sh:	Show, Shop, Shorts, T-Shirt
y:	Baby, Pony, Hobby, City, Party
a:	Jazz, Camping, Match, Band, Gangster

A 2

Ingenieur, Monteur, Spionage, Etikette, Garage, Kassette, Redakteur, Kaffee, Tablette, Tournee, Zigarette, Toilette, Allee, Klischee, Blamage, Etage

A 3

1. Jeans, 2. Dessert, 3. Hobby, 4. Menü, 5. Kassette
6. Training, 7. Etage, 8. Restaurant, 9. Kompliment, 10. Klischee

S. 121: A 1

th: Rhythmus, Hypothek, Bibliothek, Athlet, Mathematik, Sympathie, Thema, Apotheke, Orthographie, Therapie, Theorie

ph: Alphabet, Katastrophe, Paragraph (auch Paragraf), Asphalt, Triumph, Strophe, Graphit (auch Grafit), Prophet, Biographie (auch Biografie), Orthographie (auch Orthografie), Philosophie

rh: Rhythmus, Rheuma

A 2

1. Autogramm, 2. Anarchie, 3. Biographie (auch Biografie), 4. Programm, 5. Orthographie (auch Orthografie), 6. Monarchie, 7. Telegramm, 8. Stenographie (auch Stenografie), 9. Hierarchie

A 3

-kt: Projekt, direkt, Dialekt, Aspekt

-ik: Kritik, Fabrik

-ion: Spedition, Opposition, Isolation, Information, Station, Kaution, Kommunikation, Auktion

-iv: explosiv, Akkusativ, attraktiv, Passiv, objektiv

S. 123: A 1

komplett (vollständig), Konsum (Verbrauch), Symbol (Sinnbild), Kontinent (Erdteil), Kombination (Verknüpfung), Konkurs (Zahlungsunfähigkeit), Komplott (Verschwörung), Konjunktion (Bindewort), Konferenz (Verhandlung), Sympathie (Zuneigung), konkret (anschaulich), Konkurrenz (Wettbewerb), Kontakt (Verbindung), Kontrast (Gegensatz)

A 2

Die Gäste saßen auf der Couch und unterhielten sich. – Viele Angestellte in den Büros arbeiten heute mit einem Computer. – In Westernfilmen darf der Cowboy nicht fehlen. – Nach der Explosion entstand auf dem Markt ein Chaos. – Mit dieser selbstlosen Tat hat er seinen guten Charakter bewiesen. – Der Chor der Schule sang zum Abschluss einige Lieder. – Während der Pausen wurden die Zuschauer im Zirkus durch zwei Clowns unterhalten.

A 3

1. aktiv, 2. Akzent, 3. Internet, 4. Aktie, 5. aktuell, 6. Charakter,
7. Doktor, 8. Kritik, 9. Publikum, 10. Technik

S. 125: A 1

adressieren, dressieren, frisieren, ignorieren, radieren, notieren, korrigieren, reparieren, informieren, diktieren, trainieren, fotografieren, interessieren, transportieren, diskutieren, kritisieren, studieren, illustrieren.

A 2
polieren, diktieren, trainieren, zensieren, kontrollieren, telefonieren, reparieren, notieren, kritisieren, ignorieren

9. Komma

S. 133: A 1

(1) Das Wetter hielt sich im Urlaub gut, mit den Zimmern waren wir sehr zufrieden.
(2) Zwei Tage lang war es leicht bedeckt, aber am dritten Tag hatten wir einen wolkenlosen Himmel.
(3) Bei der Wanderung verstauchte sich ein Kind den Knöchel des rechten Fußes und musste getragen werden.
(4) Manche Gäste besuchten am Abend den Farbdiavortrag, denn sie bekamen dadurch viele Anregungen für ihren Urlaub.
(5) Am letzten Tag feierten wir gemeinsam auf einer Hütte Abschied und tauschten unsere Adressen aus.
(6) Uns hat es in dem Ferienort recht gut gefallen, doch im nächsten Jahr wollen wir eine andere Landschaft kennen lernen.

A 2
Mein Bruder ging schwimmen, ich begleitete ihn. Fahren wir in den Ferien nach München oder machen wir Urlaub an der Nordsee? Wir hoffen auf gutes Wetter, denn wir wollen viel im Freien unternehmen. Heute würde ich gerne faulenzen, aber es sind noch viele Reisevorbereitungen zu treffen. Wir wollten noch viel mehr Kleidung mitnehmen, aber die Koffer sind bereits voll. Das Reisefieber hat uns schon gepackt und wir freuen uns sehr auf den Urlaub.

A 3
Seltsame Verhältnisse!
Zehn Finger hab ich,
an jeder Hand sind es fünf,
und zwanzig Zehen und Finger
hab ich zusammen.
Zehn Zehen hab ich,
an jedem Fuß sind es fünf,
und zwanzig Finger und Zehen
hab ich zusammen.

Der Bäcker backt Brot
und Häuser mauert der Maurer,
die Pflanzen gießt der Gärtner,
die Kühe melkt der Bauer,
die Post bringt der Postbote,
den Kamin fegt der Schornsteinfeger.

S. 135: A 1

Ein lustiger Geburtstag
Die Jungen spielten Fußball, bis sie müde wurden.
Einige Kinder tranken so viel Limonade, dass sie Bauchschmerzen bekamen.
Das Geburtstagskind bekam viele Geschenke, über die es sich sehr freute.
Jochen grillte die Würstchen so lange, bis sie fast verbrannten.
Klaus schimpfte laut, weil er sein Eis verlor.
Hans zerriss seine Hose, als diese am Zaun hängen blieb.

A 2

Wenn ich in das Ferienlager fahre, nehme ich meinen neuen Fotoapparat mit. Ich habe mir auch schon leichte Wanderschuhe gekauft, weil wir oft unterwegs sein wollen. Nach unserer Ankunft im Ferienlager werde ich meinem Freund eine Ansichtskarte schreiben. Ich weiß über die Gegend gut Bescheid, da ich schon einmal dort gewesen bin. Die Abendstunden können wir mit interessanten Spielen verbringen. Sooft es möglich ist, wollen wir zum Baden an den nahen See gehen. Es wird wohl nicht lange dauern, bis wir uns im Ferienlager eingewöhnt haben.

A 3

Satzmuster 1 (Hauptsatz/Nebensatz): Dort sind Schleusen gebaut, so dass die Schiffe passieren können. Dann werden die Schütze geöffnet, so dass Wasser in die Kammer strömt.
Satzmuster 2 (Nebensatz/Hauptsatz): Damit auf manchen Flüssen Schiffe fahren können, staut man an mehreren Stellen das Wasser auf. Wenn ein Schiff flussaufwärts fährt, öffnet sich das untere Tor. Sobald sich das Schiff in der Schleusenkammer befindet, schließt sich das Tor. Wenn der Wasserstand die Höhe des Flusses oberhalb der Schleuse erreicht hat, wird das obere Tor geöffnet.
Satzmuster 3 (Hauptsatz/Nebensatz/Hauptsatz): Die Schleusenkammer, in die die Schiffe fahren, wird durch zwei Schleusentore begrenzt. Dann verlässt das Schiff, das angehoben wurde, die Schleusenkammer.

S. 137: A 1

Sie überredeten ihn das Geschenk anzunehmen. – Er fährt an die Nordsee um gesund zu werden. – Einige glauben(,) das Spiel schon gewonnen zu haben. – Wir trainieren hart um an dem Wettbewerb noch teilnehmen zu können. – Alle versprachen feierlich(,) sich an die Spielregeln zu halten. – Im Gespräch versuchte mein Bruder(,) uns immer wieder für seinen Plan zu gewinnen. – Manche Menschen scheuen keinen Aufwand um ihre Vorstellungen durchzusetzen.

A 2

Ich bat meine Schwester mir beim Packen zu helfen.
Sie versicherte mir(,) keine Zeit zu haben.
Ich legte mir eine Liste an um nichts zu vergessen.
Ich nahm mir vor(,) einen Teil meines Gepäcks schon vorher zum Bahnhof zu bringen.
Ich hoffte mit allen Gepäckstücken am Urlaubsort anzukommen.

A 3

Mit den Füßen vorsichtig auftretend prüfte er die Dicke des Eises.
Er machte(,) aus vollem Hals schreiend(,) auf sich aufmerksam.
Heftig winkend lief er der herannahenden Lokomotive entgegen.
Er ging(,) aus dem Urlaub zurückgekehrt(,) sofort an die Arbeit.
Er folgte der Spur den Blick fest auf den Boden geheftet.

A 4

Unsere liebste Beschäftigung war es, mit dem Boot im Wind zu kreuzen.
Den Urlaub eine Woche zu verlängern, daran war leider nicht zu denken.
Wir versäumten es, die Eintrittskarten für das Rockkonzert rechtzeitig zu bestellen.
Das Spiel mit Pauken und Trompeten zu verlieren, das hatte uns noch gefehlt.

S. 139: A 1

Luftschiffe werden mit Helium oder Wasserstoff gefüllt, damit sie leichter als Luft werden, wenn man mit ihnen aufsteigen will.
Die Starrluftschiffe behalten auch ihre Gestalt bei, wenn der Gasdruck sinkt, weil sie durch ein Metallgerüst gestützt werden.
Das Luftschiff „Hindenburg“ verunglückte am 6. Mai 1937 in Lakehurst (USA), weil sich bei der Landung eine Mischung aus Luft und Wasserstoff entzündete, so dass sogleich Flammen durch das Schiff schossen.

A 2

Ich konnte den Unterricht nicht besuchen, weil meine Mutter befürchtete, dass ich an Grippe erkrankt war.
Ich habe mich leider verspätet, obwohl ich mit meinem neuen Rad fuhr, das eine 10-Gang-Schaltung hat.
Ich werde in der Prüfung schlecht abschneiden, weil ich ziemlich sicher bin, dass ich das Falsche gelernt habe.
Ich konnte nicht früher kommen, weil der Bus mit Motorschaden liegen blieb, nachdem ich eingestiegen war.

A 3
Im vorigen Jahrhundert war der Walfang noch ein großes Wagnis, weil die Fangschiffe klein waren und weil die Wale nicht selten das Fangschiff zertrümmerten. Wenn die Fänger den Wal aufgespürt und sie ihn mit der Harpune erlegt hatten, musste dieser zur Verarbeitung an Land gebracht werden. Die Wale waren eine begehrte Beute, weil man aus ihrem Speck Tran kochte und aus der Hornplatte im Gaumen das wertvolle „Fischbein" gewonnen wurde. Heute haben die meisten Nationen den Walfang eingestellt, weil der Walfang keine wirtschaftliche Bedeutung mehr hat und die großen Meeressäuger fast ausgerottet wurden.

S. 141: A 1
Meine Eltern, meine Schwester und ich fuhren in den letzten Ferien nach Südfrankreich. Schon tagelang vorher packten wir Koffer, Taschen und Beutel. An einem schönen, sonnigen Morgen ging es dann los. Wir fuhren über Pässe, Autobahnen und Landstraßen. Im Rhonetal angekommen sahen wir an den Berghängen kleine Dörfer, verfallene Schlösser und ausgedehnte Weinberge liegen. Am Mittelmeer schließlich erwartete uns ein breiter, feinsandiger Badestrand mit Dünen, Pinienwäldchen und einem alten Leuchtturm.

A 2
Teils badeten wir, teils fuhren wir mit unserem Segelboot aufs Meer.
Je länger wir uns aufhielten, desto besser gefiel es uns an unserem Urlaubsort.
Wir haben den Urlaub halb mit unserem Taschengeld, halb mit dem Zuschuss unserer Eltern bezahlt.
Der Besuch des Museums war einerseits lehrreich, andererseits aber auch ganz schön langweilig.
Wir haben uns nicht nur gut erholt, sondern auch viel Interessantes gesehen.

A 3
Lehrer wie Schüler waren mit dem Schulfest sehr zufrieden. Er trank auf der Party weder Bier noch Wein. Die beiden Kinder wurden bald hungrig, durstig und müde. Möchtest du eine Birne, einen Apfel oder eine Banane? Sowohl mein Vater als auch meine Mutter schwimmen gerne. Wir konnten im Garten weder die Hecke schneiden noch das Unkraut jäten. Ich habe sowohl das Buch gelesen als auch den Film zum Buch gesehen. Er kennt alle Beeren, Pilze und Sträucher seiner Heimat. Wir packten sowohl die Fußballschuhe als auch das Badezeug in unsere Tasche. Inge, Bert und Jörg stellten für das Schulfest eine Wurfbude auf.

S. 143: A 1

Hilfe, ich versinke im Schlamm!
Peter, hilf mir bitte aus dem Graben heraus!
Nein, so geht das wirklich nicht!
Natürlich, warum ist mir das nicht gleich eingefallen?
Au, das hat aber weh getan!
Na ja, ich will mal nicht so sein!
Herr Direktor, darf ich mich Ihnen vorstellen?
Ja, ich werde dir auf jeden Fall helfen.

A 2

Hamburg, Deutschlands größter Seehafen, liegt nicht unmittelbar an der Küste. Der über 100 km lange Verbindungsweg zur Nordsee ist ein Fluss, die Elbe. Im Hamburger Hafen gibt es ein zollfreies, von einem hohen Zaun umgebenes Gebiet, den Freihafen. Manche Waren stapelt man in großen Metallkisten, den Containern. Andere Güter werden in riesigen Gebäuden, den Speicherhäusern, gelagert. Hamburg, das Tor zur Welt, hat auch heute noch eine große Bedeutung.

A 3

Am Wochenende fahren wir mit dem Zug nach Hamburg. Wir werden in einem Hotel wohnen, und zwar direkt am Alsterufer. Ich interessiere mich sehr für den Hafenbetrieb, besonders für die großen Seeschiffe. Ich möchte sehen, wie deren Ladung gelöscht wird, d.h. wie die großen Schiffe entladen werden. Der Hamburger Hafen ist ja ein Verladeplatz für sehr viele Güter, unter anderem für Getreide, Öl, Erze, Kaffee, Bananen und Maschinen. Vielleicht besuchen wir auch den Freihafen. Dort werden Rohstoffe, z.B. Tee, weiterverarbeitet. Sehenswert sind aber auch viele Bauwerke in Hamburg, besonders das Rathaus, das auf 4000 Pfählen steht. Fast die Hälfte der Stadt besteht aus unbebauten Flächen, und zwar aus Acker- und Gartenland, Parks und öffentlichen Grünanlagen, Wald, Moor und Heide. Diese Gebiete sind die „grünen Lungen“ Hamburgs.

S. 144: Probetext zur Kommasetzung

(1) Das Komma steht zwischen zwei Hauptsätzen. (R 1)
(2) Das Komma steht zwischen aufgezählten Satzgliedern, wenn sie nicht durch *und* verbunden sind. (R 7)
(3) Das Komma steht zwischen Haupt- und Nebensatz. (R 2)
(4) Das Komma steht zwischen zwei Hauptsätzen. (R 1)
(5) Das Komma steht zwischen Haupt- und Nebensatz. (R 2)
(6) Das Komma steht zwischen Haupt- und Nebensatz. (R 2)
(7) Das Komma steht zwischen Haupt- und Nebensatz. (R 2)
(8) Das Komma steht zwischen zwei Hauptsätzen. (R 1)
(9) Das Komma steht bei nachgetragenen Erklärungen. (R 11)

(10) Das Komma steht bei aufgezählten Wörtern, wenn sie nicht durch *und* verbunden sind. (R 7)

10. Anführungszeichen

S. 147: A 1

Mein Bruder rief: „Pass doch auf!“
Mutter fragte: „Hast du schon gegessen?“
Der Nachrichtensprecher sagte: „Bitte, lassen Sie Ihr Gerät eingeschaltet!“
Die Verkäuferin fragte: „Darf ich Ihnen die Ware einpacken?“
Der Lehrer meinte: „Deine Handschrift könnte besser sein!“
Der Polizist fragte: „Darf ich Ihren Ausweis sehen?“

A 2

Zu 1: „Ich weiß wirklich nicht, was du hast“, sagte Mutter zu Oma. – „Ich komme gleich wieder“, versprach der Mann und verschwand. – „Das Radio ist defekt“, behauptete der Kunde. – „Das glaube ich nicht“, meinte der Verkäufer.
Zu 2: „Wenn du meinst“, sagte Vater, „werde ich noch einmal anrufen.“ – „Du wirst sehen“, tröstete die Verkäuferin den kleinen Jungen, „deine Eltern holen dich gleich ab.“

A 3

Erstaunt fragte der Mann: „Was wollen Sie hier?“ „Ich will Sie rasieren“, entgegnete der Fremde seelenruhig. „Aber ich brauche Sie nicht“, belehrte ihn der Mann, „ich habe schon einen Barbier.“ „Nein“, antwortete der Fremde, „ich bin jetzt Ihr Barbier. Gestern habe ich mit Ihrem eigentlichen Barbier Karten gespielt. Als er alles Geld verloren hatte, haben wir um unsere Kunden gespielt und ich habe Sie gewonnen.“

S. 149: A 1

Herr Huber hat eine sehr laute Stimme. Als sein Chef am Morgen ins Büro kommt, hört er wieder jemanden laut brüllen. „Wer schreit denn da so?“, fragt er seine Sekretärin. „Das ist Herr Huber“, erklärte diese, „er spricht mit Amsterdam.“ „Sagen Sie ihm“, meint da der Chef, „er soll doch das Telefon benutzen.“

A 2

„Was ist schwerer“, fragt der Lehrer, „ein Pfund Federn oder ein Pfund Eisen?“ Bruno meldet sich: „Ein Pfund Eisen.“ „Aber Bruno, ein Pfund ist doch ein Pfund“, korrigiert ihn der Lehrer. „Das glaube ich nicht“, sagt Bruno. „Ja, und warum nicht?“, fragt der Lehrer. „Ich gehe jetzt in den zweiten Stock“, sagt Bruno, „und werfe Ihnen ein Pfund Federn auf den Kopf und dann ein Pfund Eisen. Wenn Sie dann noch meinen, das sei das Gleiche, glaube ich es Ihnen.“

A 3
Auf der Tür war die Aufschrift „Betreten verboten“ zu lesen.
Das Paket kam mit dem Vermerk „Empfänger verzogen“ zurück.
Friedrich Schiller schrieb das Schauspiel „Wilhelm Tell“, dessen Held wahrscheinlich nie gelebt hat.
Das „dass“ muss man von dem Artikel oder Pronomen „das“ unterscheiden.
Er hat seinen Gegner vor Gericht mit „Flegel“ tituliert.
Otfried Preußlers „Die kleine Hexe“ hat mir sehr gut gefallen.
Die Lottozahlen werden immer mit der Bemerkung „ohne Gewähr“ den Zuschauern bekannt gegeben.

A 4
Hans hatte seinem Herrn sieben Jahre lang treu gedient. Dann trat er vor ihn und sagte: „Herr, meine Zeit ist um, zahlt mir meinen Lohn aus.“ Der Herr erwiderte ihm: „Hans, du hast mir treu gedient. Ich will dir dafür einen guten Lohn geben.“

S. 150: Probetext zu den Anführungszeichen

(1) Anführungszeichen unten, weil die direkte Rede beginnt. (R 1)
(2) Anführungszeichen oben und Komma zwischen direkter Rede und Begleitsatz. (R 3)
(3) Anführungszeichen unten, Fortsetzung der direkten Rede nach dem Begleitsatz. (R 3)
(4) Ende der direkten Rede, Punkt und Anführungszeichen oben.
(5) Anführungszeichen unten, weil die direkte Rede beginnt. (R 1)
(6) Ausrufezeichen nach Ausrufesatz, Ende der direkten Rede mit Anführungszeichen oben und Komma zwischen Rede und Begleitsatz. (R 4)
(7) Anführungszeichen am Beginn der direkten Rede. (R 2)
(8) Fragezeichen am Ende eines Fragesatzes; Anführungszeichen oben, weil die direkte Rede zu Ende ist.
(9) Anführungszeichen unten, Fortsetzung der direkten Rede nach Begleitsatz. (R 3)
(10) Ausrufezeichen nach Ausrufesatz und Anführungszeichen oben am Ende der direkten Rede.

11. Punkt, Fragezeichen und Ausrufezeichen

S. 153: A 1

Mit „Schildbürger“ bezeichnete man ursprünglich die mit einem Schild bewaffneten Bürger. In einem Volksbuch des späten Mittelalters werden aber die Schildbürger als Bewohner der Stadt Schilda dargestellt. Über ihre Dummheit erzählte man sich im Lande viele lustige Geschichten. Die Schildbürger machten bei ihren Unternehmungen fast alles verkehrt. Sie bauten ihr neues Rathaus ohne Fenster. Später wollten sie dann mit Säcken das Tageslicht fangen und in ihr Rathaus tragen. Der Kaiser persönlich wollte die Schildbürger sehen und besuchte mit seinem Gefolge die Stadt.

A 2

Goethe wurde am 28. 8. 1749 in Frankfurt am Main geboren. – In der Bundesrepublik Deutschland wird der 1. Mai als Feiertag begangen. – Wir fuhren am 2. 8. 1996 mit unseren Freunden in das Ferienlager. – Friedrich II. von Preußen bestimmte im 18. Jahrhundert, dass jeder frei nach seiner Religion leben sollte. – Der 1. FC Nürnberg siegte in mehreren Spielen hintereinander. – Im 19. Jahrhundert begann die Industrialisierung Deutschlands.

A 3

1, 2: Punkt, da Ordnungszahlen
3: kein Punkt, Ende der Datumsangabe
4, 5: Punkt, da Ordnungszahlen
6: Punkt, da Ordnungszahl
7: kein Punkt nach der Grußformel
8: kein Punkt nach der Unterschrift

S. 155: A 1

Absender – Abs.; beziehungsweise – bzw.; evangelisch – ev.; das heißt – d.h.; vergleiche – vgl.; Jahrhundert – Jh.; römisch-katholisch – r.-k.; eventuell – evtl.; zum Teil – z.T.; zum Beispiel – z.B.; und so weiter – usw.; Straße – Str.; im Auftrag – i.A.; Stunde – Std.

A 2

PS, DB, LKW oder Lkw, DFB, EU, DGB, DIN, NOK, UKW, ZDF, AG, PKW oder Pkw, DJH, DLRG, USA, DRK

A 3

Lösungsvorschlag:
Gelegenheit!
Golf, 90 PS, Bj. 93, TÜV neu, 45000 km, einwandfr. Zust., Tel. 81 41

A 4
Lokomotive, Omnibus, Universität, Oberkellner, Automobil, Fotografie, Kilogramm, Kriminalpolizei, Unterseeboot, Pullover, Limonade, Untergrundbahn, Unbekanntes Flugobjekt, Motorfahrrad

S. 157: A 1
Vater liest genussvoll die Zeitung. Die kleine Miriam schaut ihm dabei zu. „Papi", sagt sie schließlich, „darf ich dich etwas fragen?" „Aber ja, mein Kind, frag nur", meint der Vater. „Warum ist der Elefant so groß?", will Miriam wissen. „Keine Ahnung", erwidert der Vater. „Papi, warum hat der Löwe eine Mähne?", fragt Miriam weiter. „Ich weiß nicht", sagt der Vater. „Papi, stören dich meine Fragen?", erkundigt sich Miriam. „Aber nein, mein Kind, frag nur weiter, sonst lernst du ja nichts!"

A 2
Die Schüler fragen sich, welchen Titel die Zeitung haben soll.
Sie fragen sich, welches Format sie wählen sollen.
Sie fragen sich, wann die Zeitung erscheinen soll.
Sie fragen sich, wie viel die Zeitung kosten soll.
Sie fragen sich, wie viele Exemplare gedruckt werden sollen.
Sie fragen sich, wie für die Zeitung geworben werden soll.
Sie fragen sich, wie viel Druck und Papier kosten.

A 3
Ich fragte ihn: „Wo bist du im Urlaub gewesen?"
Er fragte mich: „Hast du schon etwas gegessen?"
Ich möchte wissen: „Wo hast du den Schlüssel hingelegt?"
Er fragte den Fahrer: „Wann kommt der Bus an?"
Der Schüler erkundigte sich: „Welcher Text wurde in der Stunde gelesen?"
Der Interviewer fragte den Passanten: „Haben Sie Haustiere?"

A 4
Wie dick ist die Eisdecke der Antarktis? Wovon ist der Kontinent umgeben? Wo werden die tiefsten Temperaturen gemessen? Wie hoch ist der Mount Vinson? Wie viele Forschungsstationen gibt es in der Antarktis?

S. 159: A 1
Hast du heute Nacht gut geschlafen? Zieh doch bitte die Schuhe aus. (oder!)
Wann musst du heute aus dem Haus gehen? Daran hättest du doch denken müssen! (oder.)
Lass doch dein ewiges Nörgeln sein! Gehst du heute ins Schwimmbad?

Nun mach aber einen Punkt! Stell das Radio leiser!
Von wem kommt denn diese Karte? Wenn ich das nur wüsste!

A 2
Verkehrsunfall
Aussagesätze: Das ging alles sehr schnell. Der Autofahrer hat vor der Kurve gebremst. Ich habe es deutlich gesehen.
Fragesätze: Haben Sie denn den Radfahrer gesehen? Wer kam denn von rechts? Ist der Notarztwagen schon gerufen?
Aufforderungssätze: Bitte, erinnern Sie sich ganz genau! Treten Sie zurück! Bleiben Sie doch bitte bei der Wahrheit!

A 3
Müllers aus dem ersten Stock sind wieder einmal sehr laut in der Nacht. „Jetzt platzt mir aber der Kragen!“, regt sich der Mieter im Erdgeschoss auf. Er nimmt einen Besenstiel und klopft damit kräftig gegen die Zimmerdecke. Am nächsten Morgen trifft er Frau Müller im Treppenhaus. „Haben Sie denn gestern nicht gehört, dass ich gegen die Decke geklopft habe?“, fragt er entrüstet. Frau Müller macht ein unschuldiges Gesicht: „Ach du meine Güte! Ihr Klopfen war doch nicht schlimm, denn bei uns war es auch sehr laut.“

S. 160: Probetext zur Setzung von Punkt, Fragezeichen und Ausrufezeichen

(1) Abkürzung zu Straße, Punkt (R 4)

(2) Punkt nach Ordnungszahl (R 3)

(3) Ausrufezeichen nach Anrede im Brief (R 10)

(4) Fragezeichen nach direktem Fragesatz (R 5)

(5) Ausrufezeichen nach Ausrufesatz (R 8)

(6) Fragezeichen nach direktem Fragesatz (R 5)

(7) Punkt nach Ordnungszahl (R 3)

(8) Punkt nach Abkürzung (R 4)

(9) Ausrufezeichen nach Ausrufesatz (R 8)

(10) Fragezeichen nach direktem Fragesatz (R 5)

12. Doppelpunkt, Strichpunkt und Gedankenstrich

S. 163: A 1

Ein altes Sprichwort sagt: Glück und Glas, wie schnell bricht das.
Die Benelux-Staaten bestehen aus drei Ländern: Belgien, Niederlande und Luxemburg.

Es gibt vier Grundrechnungsarten: Addition, Subtraktion, Multiplikation und Division.
Das Jahr hat vier Jahreszeiten: Frühling, Sommer, Herbst und Winter.
Die bekanntesten Nadelbäume sind: Fichten, Tannen und Kiefern.

A 2

Er ist erfahren, ortskundig und zuverlässig: wir können uns seiner Führung anvertrauen.
Alles ist in diesem Urlaubsgebiet anzutreffen: hohe Berge und große Seen, Flüsse und Wälder.
Städte lagen in Trümmern, Brücken waren zerstört, Industrieanlagen vernichtet: das waren die sichtbaren Folgen des Krieges.
Das wirst du kaum alles bewältigen können: zur Schule gehen, nach der Schule jobben, deine Hausaufgaben machen und am Abend Sport treiben.

A 3

Eines Tages fing ein Tiger einen Fuchs. Er packte ihn beim Kragen und sagte: „Rotrock, ich werde dir den Garaus machen!“ Der Fuchs erwiderte: „Wenn du mich frisst, machst du einen großen Fehler, denn du verlierst einen starken Bundesgenossen.“ Der Tiger lachte verächtlich, aber der Fuchs blieb dabei und versicherte: „Ich kann es dir beweisen!“ Da wurde der Tiger neugierig und ließ den Fuchs gewähren. Als sie ein Stück gemeinsam gegangen waren, begegneten ihnen einige Menschen. Beim Anblick des Tigers ergriffen sie die Flucht. Der Fuchs aber sagte: „Hast du gesehen, welchen Respekt die Menschen vor mir haben? Als sie mich sahen, rannten sie los.“

S. 165: A 1

Jemand berichtet aus Berlin:	– Der Doppelpunkt steht vor der angekündigten Geschichte.
...und fragt: „Deine Frau?“	– Doppelpunkt vor direkter Rede
...fragt er die Frau: „Dein	– Doppelpunkt vor direkter Rede
...mit der Hand: „Weg...	– Doppelpunkt vor direkter Rede
...einzutreten: damit...	– Zusammenfassend wird ein Ergebnis formuliert.
...durch eine Straße; vermutlich	– Punkt würde Sätze zu sehr voneinander trennen.
Irgendwohin; sie wissen...	– Bedeutungsschwere Vorstellungen werden gereiht.
ihre Zukunft; es sind Gespenster	– Der Satz deutet das Vorhergehende und ist doch deutlich davon abgesetzt.
sich ereignet hat; er trifft...	– Strichpunkt schafft stärkere inhaltliche Verbindung zu dem Vorhergehenden.

S. 167: A 1

Wir haben die Arbeit – sie hat uns viel Mühe gekostet – heute beendet. Die Zahl der Urlauber hat sich – wenn auch eine Steigerung kaum möglich erschien – nochmals erhöht. Wir trainieren – von dem schlechten Wetter unbeeindruckt – nach wie vor im Freien. Er hatte die Absicht – das ist schon lange her – das Versäumte nachzuholen. Frank – er liest gerne Kriminalromane – freut sich schon auf die Bibliothek seines Onkels. Ich nehme an – und das ist eine bloße Vermutung –, dass ihr bis zum Abend mit der Arbeit fertig sein wollt.

A 2

schau – da bewegte sich...	– Hier wird auf etwas Überraschendes aufmerksam gemacht.
kluge Leute!" – „Ugu!"...	– Wechsel des Sprechers in der direkten Rede.
auch kluge Leute!" – „Ugu!"	– Wechsel des Sprechers
„Ugu!" – „Doch so klug...	– Wechsel des Sprechers
als dich!" – „Jaja!", krächzte	– Wechsel des Sprechers in der direkten Rede

A 3

1 = Strichpunkt, 2 = Gedankenstrich, 3 = Gedankenstrich, 4 = Strichpunkt, 5 = Doppelpunkt, 6 = Doppelpunkt, 7 = Gedankenstrich

13. Klammern und Auslassungspunkte

S. 169: Probetext zu „Doppelpunkt, Strichpunkt und Gedankenstrich", „Klammern und Auslassungspunkte"

(1) Mit Gedankenstrichen werden eingeschobene Sätze gekennzeichnet. (R 7, S. 166)

(2) Strichpunkt anstelle eines Punktes, da die beiden Sätze enger verbunden werden sollen. (R 4, S. 164)

(3) Mit Gedankenstrichen werden eingeschobene Sätze gekennzeichnet. (R 7, S. 166)

(4/5) Strichpunkte anstelle eines Punktes, da die beiden Sätze jeweils enger miteinander verbunden werden sollen. (R 4, S. 164)

(6) Doppelpunkt vor der direkten Rede, die durch Begleitsatz angekündigt wird (R 1, S. 164)

(7) Auslassungspunkte kennzeichnen Auslassungen innerhalb eines Satzes, der wörtlich angeführt (zitiert) wird. (R 4, S. 168)

(8) Gedankenstriche schließen eingeschobenen Teil ein. (R 7, S. 166)

(9) Klammern schließen erklärenden Zusatz ein. (R 1, S. 168)

14. Auslassungszeichen (Apostroph) und Schrägstrich

S. 171: A 1

„Geht's dir gut?", fragte mich heute Morgen mein Freund.
„Ich hab's gerade noch nach Hause geschafft", versicherte mir meine Schwester.
„Du glaubst doch nicht so 'n Blödsinn?", ereiferte sich Petra.
„'s ist schon ein Kreuz mit der Rechtschreibung!", stöhnt mancher Schüler.
„Ich hab mich ganz schön verspätet", murmelte meine Freundin.

A 2

Er musste sich mit wenig Geld durchs Leben schlagen.
Nach dem lustigen Abend dachten wir nicht ans Schlafengehen.
Sie brauchte zum Erlernen dieser Sportart wenig Zeit.
Der Mann fand das vermisste Geld am Rande des Gartenweges.
Während der Wanderung stapften sie mitten durchs Feld.
Am Abend ging die ganze Gruppe geschlossen ins Kino.
Wir fanden ein trockenes Plätzchen unterm Dach der Scheune.

A 3

In dem einsamen Landstrich wohnen gerade einmal 8 Einwohner/qkm.
Im Winter 1988/89 war der See Ende November zugefroren.
Heute ist in reinen Wohnstraßen meistens eine Geschwindigkeit von 30 km/h vorgeschrieben.
Am 28./29. Dezember werden wir die Heimreise in München unterbrechen.
Die Vereinsbeiträge für Januar/Februar/März hatten die Mitglieder bereits bezahlt.

A 4

Karl Marx' Philosophie – Johann Strauß' Operetten – Cannes' Filmfestspiele; das Schuljahr 1997/98 – die SPD/F.D.P-Koalition – die CDU/CSU-Fraktion

15. Bindestrich und Ergänzungsstrich

S. 173: A 1

eine 100-prozentige Sicherheit, das 14-jährige Mädchen, das 10-zeilige Gedicht, 4-silbige Wörter, ein 3-Pfünder, 3-mal

A 2

Abc-Schütze, dpa-Meldung, Kfz-Schlosser, SOS-Kinderdorf, UKW-Sender, UN-Vollversammlung, Nato-Staaten, UV-bestrahlt

A 3

die Berg-und-Tal-Bahn, die Herz-Lungen-Maschine, das Frage-und-Antwort-Spiel, die Ritter-und-Räuber-Romane, der Trimm-dich-Pfad, das Arzt-Patienten-Verhältnis, die Mund-zu-Mund-Beatmung, das Kopf-an-Kopf-Rennen

A 4

das Auf-den-Punkt-Bringen, zum Aus-der-Haut-Fahren, das Ins-Blaue-Fahren, das In-den-April-Schicken, das An-den-Haaren-Herbeiziehen, das In-die-Breite-Ziehen

S. 175: A 1

Baden-Württemberg, Nordrhein-Westfalen, Sachsen-Anhalt, Mecklenburg-Vorpommern, Rheinland-Pfalz, Schleswig-Holstein

A 2

Nord-Ostsee-Kanal, Oder-Neiße-Linie, Elbe-Havel-Kanal, Wilhelm-Busch-Ausgabe, Van-Gogh-Ausstellung, Georg-Büchner-Preis, Heinrich-Heine-Platz, Albrecht-Dürer-Straße, Konrad-Adenauer-Promenade

A 3

Kinder- und Jugendliteratur, Tages- und Wochenzeitungen, Zusammen- und Getrenntschreibung, Rechtschreib- und Zeichensetzungsregeln, Vor- und Nachteile, Ein- und Auszahlung, Personen- und Straßennamen, Lesen- und Schreibenlernen, Feld- und Gartenarbeit, Haupt- und Nebeneingang, Groß- und Einzelhandel, be- und entladen, Haupt- und Nebensätze, Import- und Exportgeschäfte, Frage- und Ausrufesätze

A 4

Armee-Einheiten, Klee-Ernte, Hawaii-Inseln, Kaffee-Ersatz, Zoo-Orchester, Auspuff-Flamme

16. Trennungszeichen

S. 177: A 1

Lei-ter, fra-gen, bie-ten, hü-te-te, an-de-re, Här-te-gra-de, Lü-gen-geschich-te, ver-lie-ren, be-tre-ten, Ad-ler, be-trü-gen, Hal-te-stel-le, erklä-ren, Freun-de, ent-kom-men, Schreib-ma-schi-ne, Win-ter-kleidung, ge-gen-sei-tig, Fei-er-ta-ge, Sau-er-wie-sen, Schweine-bra-ten, Ver-gnü-gen, Zei-len-en-de, fest-bin-den, Fei-er-stun-de, fern-se-hen

A 2

Pend-ler, Zent-ner, Schuld-ner, Samm-ler, wapp-nen, Glöck-chen, öffnen, Emp-fän-ger, Ern-te, sorg-te, hink-te, ent-fern-te, schwärm-te, schröpf-te, klopf-te, rupf-te, klotz-te, kürz-lich, Jüng-ling, Drechs-ler, pflück-ten

A 3 Silbenrätsel

1. Zucker, 2. Antwort, 3. Würfel, 4. Zeilenende, 5. Hoffnung, 6. Panzerschrank, 7. Hochofen, 8. Buntstifte, 9. Zeugnisse

S. 179: A 1

Spiel-geld, Druck-knopf, Filz-stift, Lösch-blatt, Knall-frosch; Sprungseil, Hals-band, Holz-stück, Knie-strumpf, Kirsch-kern

A 2

he-raus-ge-hen / her-aus-ge-hen, he-rum-ge-hen / her-um-ge-hen, he-ran-ge-hen / her-an-ge-hen, he-rein-ge-hen / her-ein-ge-hen, herab-ge-hen / her-ab-ge-hen; he-raus-kom-men / her-aus-kom- men, he-rum-kom-men / her-um-kom-men, he-ran-kom-men / her- an-kommen, he-rab-kom-men / her-ab-kom-men; he-raus-ho-len / her-ausho-len, he-ran-ho-len / her-an-ho-len / he-rein-ho-len / her-ein-ho-len; vo-raus-ge-hen / vor-aus-ge-hen / vo-ran-ge-hen / vor-an-ge-hen, voran-kom-men / vor-an-kom-men

A 3

äu-ßer-lich, nir-gend-wo, un-ehr-lich, aus-pa-cken, ab-la-den, ü-berque-ren, Tap-fer-keit, Schnel-lig-keit, Ge-sund-heit

A 4

Blumentopf-erde, Spar-gelder, Bild-erklärung, Stief-eltern

Erklärung der Fachausdrücke

Adjektiv (Eigenschaftswort): Das Adjektiv ist eine Wortart, die Eigenschaften von Lebewesen, Dingen, Zuständen und Vorgängen beschreibt:
dünn, schön, tragisch, mutig.

Adverb (Umstandswort): Das Adverb ist eine Wortart, die die Umstände eines Geschehens genauer angibt: *hier, jetzt, genau, deshalb*. Im Unterschied zum Adjektiv kann das Adverb nicht gebeugt werden.

Adverbiale (Umstandsbestimmungen, Angaben): Adverbiale sind Satzglieder, die die Umstände eines Geschehens genauer bestimmen.
Adverbiale der Zeit: *Die Ferien beginnen heute*. Fragen: Wann? Wie lange? Wie oft?
Adverbiale des Ortes: Er stürzte *auf dem Vorplatz*. Fragen: Wo? Wohin? Woher?
Adverbiale der Art und Weise: *Sie wartete ungeduldig auf das Pausenzeichen.*
Fragen: Wie? Wie viel? Womit?
Adverbiale des Grundes: *Wegen eines Unfalls wurde die Straße gesperrt.*
Fragen: Warum? Weshalb? Wozu?

Akkusativ (4. Fall): Beugungsform, z.B. beim Artikel und Nomen: *Wir buchen den Flug. Ich sehe das Schiff.* Frage: *Wen oder was?*

Anredepronomen (Anredefürwort): Das Anredefürwort *du* und die Höflichkeitsform *Sie (Ihnen).* Die Höflichkeitsform *Sie* und die davon abgeleiteten Formen, wie *Ihre, Ihnen, Ihr* usw., werden immer großgeschrieben.

Apposition (nachgestellte Beifügung): *Fritz, mein Freund, besucht mich.*

Artikel (Geschlechtswort): Der Artikel ist eine Wortart, die das Nomen begleitet. Man unterscheidet zwischen dem bestimmten und dem unbestimmten Artikel. Bestimmter Artikel: *der (des Falles, dem, den) Fall; die (der) Sonne; das (des Brotes, dem) Brot.*
Unbestimmter Artikel: *ein Fall, eine Sonne, ein Brot.*

Artikelprobe: Versuch, einen Artikel vor ein Wort zu setzen; Probe zur Ermittlung eines Nomens: *Versuchung → die Versuchung*

Attribut (Beifügung): Attribute sind Erweiterungen vor allem beim Nomen, z. B. Adjektive: *der steile Weg, das rote Haus, die helle Lampe.*

Attributsatz (Relativsatz): Nebensatz, der durch ein Relativpronomen eingeleitet wird: *Das Kind, das mit dem Roller fährt, wirkt sehr unsicher.*

Aufforderungssatz: Satz, durch den jemand zu etwas aufgefordert wird: *Komm bitte sofort her!*

Auslaut: Im Zusammenhang mit der Rechtschreibung bezeichnet man damit den letzten Konsonanten eines Wortes.

Auslautverhärtung: Wörter, die mit *b, d, g* oder *s* am Ende geschrieben werden, sprechen wir anders (mit hartem Konsonanten) aus: *Die**b*** (gesprochen *p*); *Lie**d*** (gesprochen *t*); *Ta**g*** (gesprochen *k*); *Gla**s*** (gesprochen mit scharfem *s*).

Ausrufesatz: Satz, der einen Ausruf enthält: *Das könnt ihr doch nicht machen!*

Aussagesatz: Satz, in dem etwas ausgesagt und festgestellt wird: *Wir kommen morgen von der Reise zurück.*

Begleitsatz: Satz, der die direkte (wörtliche) Rede begleitet: *„Wir werden", sagte er, „noch heute zurückkommen."*

Beifügung: siehe Attribut.

besitzanzeigendes Fürwort: siehe Possessivpronomen

bestimmter Artikel: siehe Artikel

Bestimmungswort: siehe zusammengesetzte Wörter

Betonungsprobe: Probe zur Ermittlung zusammengeschriebener Wörter: *zumachen* (erster Bestandteil betont); zu machen (zweiter Bestandteil betont).

Bindewort: siehe Konjunktion

Dativ (3. Fall): Beugungsform, z.B. beim Artikel und Nomen: *Er überlässt dem Freund das Fahrrad.* Frage: *Wem?*

Dehnung: Bezeichnung von langen Vokalen in der Schrift: *Tor, Moor, Sohn, viel.*

Demonstrativpronomen (hinweisendes Fürwort): *diese Frage, jener Kunde, das Fahrrad dort.*

Diphthong (Zwielaut, Doppellaut): *ei (ai), eu, au, äu.*

direkte Rede (wörtliche Rede): Wiedergabe von Gesprochenem in der Schrift: Er sagte: „Ich habe schon gegessen."

Eigenname (Name): Personennamen; Städtenamen, Ländernamen, Flüssenamen (erdkundliche Namen): *Hamburg, Ostfriesland, Elbe.*

Eigenschaftswort: siehe Adjektiv

Einleitewörter: Wörter, die einen Nebensatz einleiten. Diese können Konjunktionen, Fragepronomen, Frageadverbien oder Relativpronomen sein.
Ich weiß, dass er kommt. Er fragte sich, wer ihn verraten hatte. Sie fragte, wo er gewesen sei. Hier ist der Mann, der uns geholfen hat.

Einzahl: siehe Singular

Endsilbe: siehe Nachsilbe

Ersatzprobe (Austauschprobe): Austausch sprachlicher Ausdrücke oder Wörter durch andere: *Karl → mein großer Bruder.* Eine Ersatzprobe liegt auch vor, wenn das Relativpronomen *das* durch *welches* ersetzt wird: *Das Fahrrad, das (← welches) mir geschenkt wurde...*

Flexion (Beugung): Verb: flektieren. Veränderung von Wörtern in der Form: *springen → springt; schön → schöne; Auto → Autos.*

Frageadverb: Fragewörter, die nicht gebeugt werden können: *wo, wann, warum.*

Fragepronomen (Fragefürwort): Fragewörter, die gebeugt werden können: *wer (wessen, wem, wen), was.*

Fragesatz: Satz, mit dem man Fragen stellt: *Was kochst du heute?*

Fremdwort: Wörter aus anderen Sprachen, die sich in Schreibung und/oder Aussprache deutlich von heimischen Wörtern unterscheiden: *Interesse, Projekt, Jeans, Garage.*

Fürwort: siehe Pronomen

Genitiv (2. Fall): Beugungsform, z.B. beim Artikel und Nomen:
der Hund meines Freundes Frage: *wessen?*

Geschlechtswort: siehe Artikel

Gliedsätze: Gliedsätze sind Nebensätze, die an Stelle von Satzgliedern stehen:
Wenn der Herbst kommt, ziehen viele Singvögel in den Süden.
→ *Im Herbst ziehen viele Singvögel in den Süden.*
Siehe auch: Nebensätze

Grundform: siehe Infinitiv

Grundwort: siehe zusammengesetzte Wörter

Grundzahlen: Grundform der Zahlen: *zwei, drei, hundert.*

Hauptsatz: Hauptsätze können im Unterschied zu → Nebensätzen auch selbstständig stehen: *Der nächste Winter kommt bestimmt.*
In Satzgefügen können sie aber ihre Selbstständigkeit verlieren: *Wer anderen eine Grube gräbt, fällt selbst hinein.*

Hauptwort: siehe Nomen

hinweisendes Fürwort: siehe Demonstrativpronomen

Indefinitpronomen (unbestimmtes Fürwort, unbestimmtes Mengenwort): Es gibt eine unbestimmte Anzahl oder Menge an: *viele, wenige, alle, jeder, jemand, niemand, manche.*

indirekte Rede: indirekte Wiedergabe einer Äußerung: *Er sagte, dass er uns heute besuche.*

indirekter Fragesatz: indirekte Wiedergabe einer Frage: Ich fragte: *„Kann ich duschen? → Ich fragte, ob ich duschen könne.*

Infinitiv (Grundform eines Verbs): Sie kommt im Aktiv und Passiv, in der Präsensform und der Perfektform vor: *sehen, vertreiben, brechen; gesehen werden, vertrieben werden, gebrochen werden; gesehen haben, vertrieben haben, gebrochen haben; gesehen worden sein, vertrieben worden sein, gebrochen worden sein.*

Infinitivgruppe: ein Infinitiv, der durch dazugehörige Wörter erweitert ist: *besuchen → meinen Freund in den Ferien zu besuchen*

Interjektion (Ausrufewort): Mit Interjektionen werden meist Empfindungen ausgedrückt: *Oh! Ach! Au!*

Klangprobe: Probe zur Abgrenzung von sprachlichen Einheiten in einem Text, die unter einem Klangbogen stehen und meistens mit einem Satz übereinstimmen.

Konjunktion (Bindewort): Die Konjunktion ist eine Wortart, die Wörter oder Sätze verbindet: *Jungen und Mädchen; klein oder groß; Wir singen, denn wir sind sehr fröhlich. Wir blieben sofort stehen, als er rief.*

Konsonanten (Mitlaute): Laute, die in Verbindung mit Vokalen gesprochen werden, z.B. *b, c, f, g* usw.

Konsonantenverdopplung: siehe Kürzung

Kürzung (Kürzungsregel): Kennzeichnung der Kürze eines Vokals in einem Wort durch mehrere, verschiedene Konsonanten *(helfen, bürsten)* oder durch Verdopplung eines Konsonanten *(Mitte, Suppe, Schiffe).* Die Bezeichnung der Kürze durch zwei gleiche Konsonanten nennt man Konsonantenverdopplung. Früher verwandte man dafür auch den Ausdruck *Schärfung.*

Mehrzahl: siehe Plural

Mitlaute: siehe Konsonanten

Nachsilbe: In der Wortbildung bezeichnet man damit die angehängten Wortbausteine, mit deren Hilfe neue Wörter gebildet werden: *Übelkeit, Mahnung, Gleichnis, traurig, herzlich* (siehe auch Wortbausteine).

Namenwort: siehe Nomen

Nebensätze: Sätze, die nicht alleine stehen können, sondern mit Hauptsätzen Satzgefüge bilden: *Weil ich krank bin, kann ich nicht kommen.* Die meisten Nebensätze werden durch Einleitewörter mit dem Hauptsatz verbunden (siehe Einleitewörter). Die Personalform des Prädikats steht in diesen Nebensätzen am Ende.

Nomen (Namenwort, Nennwort, Hauptwort, Dingwort, Substantiv): Das Nomen ist eine Wortart, deren Wörter mit einem Artikel verbunden werden können: *der Wald, das Haus, die Freude.*
Wir unterscheiden zwischen konkreten Nomen *(Tisch, Frau, Strauch)* und abstrakten Nomen *(Freundschaft, Geist, Lust).*

Nominativ (1. Fall): Beugungsform: der Berg, das Kino. Fragen: *Wer? Was?*

Numerale (Zahlwort): Wörter, die Zahlen wiedergeben, z.B. Grundzahlen *(eins, zwei, drei, hundert)* oder Ordnungszahlen *(der erste Wochentag, der zehnte Teil).*

Objekte (Satzergänzungen): Objekte sind Satzglieder, die im 2., 3. oder 4. Fall stehen.
Genitiv-Objekt: *Er erinnerte sich der schönen Stunden*. Frage: *Wessen?*
Dativ-Objekt: *Sie schenkte ihrem Freund ein Buch.* Frage: *Wem?*
Akkusativ-Objekt: *Wir lösten das Kreuzworträtsel.* Frage: *Wen? Was?*
Objekte mit einer Präposition: *Viele warteten auf seinen Auftritt.* Frage: *Auf was?*

Ordnungszahlen: *der erste Kunde, der Zweite im Wettbewerb*

Partikel (Plural: Partikeln): Wort, das zu den nicht flektierbaren Wortarten gehört, z.B. *zusammen* (Adverb), *gegen* (Präposition), *und* (Konjunktion)

Partizip (Mittelwort eines Verbs): *die glänzende Oberfläche* (= Mittelwort der Gegenwart), *der verlorene Schlüssel* (= Mittelwort der Vergangenheit).

Perfekt (2. Vergangenheit): *Sie ist ausgerutscht. Du hast den Termin vergessen.*

Personalform des Verbs: die gebeugte Form des Verbs: *Er singt. Sie überlegte, wo sie überall gewesen war.*

Personalpronomen (persönliches Fürwort): *ich, du, er, sie, es, wir, ihr, sie.*

Plural (Mehrzahl): *die Männer,* Gegenteil: Einzahl: *der Mann.*

Possessivpronomen (besitzanzeigendes Fürwort): *meine Mutter, unsere Lehrerin, dein Auto.*

Prädikat (Satzaussage): Das Prädikat ist das verbale Glied in einem Satz: *Wir ernten heute Äpfel. Er hat die Leiter schon geholt.*

Präposition (Verhältniswort): Die Präposition ist eine Wortart, die immer in Verbindung mit anderen Wörtern gebraucht wird und deren Fall bestimmt: *über dem Haus, gegen dich, auf der Weide*.

Präsens (Gegenwartsform): Das Präsens gibt meistens die Gegenwart an, verweist oft aber auch auf Zukünftiges: *Ich gehe heute zu Fuß. Ich komme morgen zu euch.*

Präteritum (1. Vergangenheit): *Er ging ins Kino.*

Pronomen (Fürwort): Das Pronomen ist eine Wortart mit vielen Untergruppen. Pronomen stehen für Nomen. *Mein Freund (er) lacht.* (Siehe auch: Demonstrativpronomen, Fragepronomen, Personalpronomen, Possessivpronomen, Relativpronomen, unbestimmtes Fürwort)

Redewendung/Redensart: Redewendungen sind meist bildhafte Ausdrücke und Wendungen: *auf dem Trockenen sitzen, aus dem Vollen schöpfen, jemandem auf den Zahn fühlen*

Relativpronomen (bezügliches Fürtwort): Mit dem Relativpronomen werden Nebensätze an ein Nomen angeschlossen. Diese Sätze heißen Relativsätze oder Attributsätze: *Die Blumen, die ich dir geschenkt habe, sollen dir Freude bringen.*

Satzgefüge: Sie entstehen durch die Verbindung von Haupt- und Nebensätzen. Der Nebensatz ist dabei dem Hauptsatz untergeordnet:
Die Zuschauer pfiffen, als der Spieler gefoult wurde.

Satzglieder (Satzteile): Satzglieder sind die Bestandteile eines Satzes, die man umstellen kann, ohne dass sich der Sinn des Satzes wesentlich ändert:
Fred / schenkt / seiner Schwester / morgen / ein Buch.
Wir unterscheiden vier Kategorien von Satzgliedern:
Subjekt (*Fred*), Prädikat *(schenkt)*, Objekte *(seiner Schwester / ein Buch),* Adverbial *(morgen).*

Satzreihe: In der Satzreihe werden Hauptsätze miteinander verbunden. In der Satzreihe sind die Teilsätze gleichgeordnet. Die Hauptsätze können ohne Konjunktion (Bindewort) stehen *(Wir gehen jetzt nach Hause, wir müssen noch arbeiten.)* oder mit einer Konjunktion verbunden sein *(Wir gehen nach Hause, denn wir müssen noch arbeiten).*

Selbstlaute: siehe Vokale

Silben/Sprechsilben: Sie sind Einheiten der Wörter, die beim langsamen Sprechen der Wörter entstehen: *be-lei-di-gen.*

Singular (Einzahl): *der Zug.* Gegenteil: Mehrzahl (*die Züge*)

stimmhafte / stimmlose Laute: Stimmhaft nennt man Konsonanten (Mitlaute), die weich gesprochen werden: *b, d, g, l, m, n, r, w* und stimmhaftes *s.*
Stimmlos nennt man Konsonanten, die hart gesprochen werden: *p, t, k, f, z* und scharfes *s.*

Subjekt (Satzgegenstand): Das Subjekt ist ein Satzglied, das im 1. Fall (Nominativ) steht: *Der Hund bellt am Gartentor*. Frage: *Wer oder was?*

Substantiv: siehe Nomen

Tätigkeitswort: siehe Verb

Umlaute: die Vokale (Selbstlaute) *ä, ö, ü* und der Diphthong (Zwielaut/Doppellaut) *äu*.

unbestimmter Artikel: siehe Artikel

unbestimmtes Fürwort (unbestimmtes Mengenwort): Es gibt eine unbestimmte Anzahl oder Menge an: *viele, wenige, alle, jeder, jemand, niemand, manche.*

Verb (Zeitwort, Tätigkeitswort): Das Verb ist eine Wortart, die sich z.B. in der Person und in der Zeitform verändern lässt: *lachen, er lachte, sie haben gelacht; gehen, sie ging, wir sind gegangen.*

Verhältniswort: siehe Präposition

Verlängerungsprobe: Probe, bei der ein Wort verlängert wird, um zu ermitteln, wie das Wort am Ende geschrieben wird: *Land → Länder, Krug → Krüge, Sieb → sieben.*

Vokale (Selbstlaute): *a, e, i y, o, u*. Zu den Vokalen gehören auch die Umlaute und die Diphthonge.

Vorsilben: In der Wortbildung versteht man darunter die vorangestellten Wortbausteine, mit deren Hilfe Wörter gebildet werden: *reif → unreif, fahren → befahren, stören → zerstören, laden → entladen* (siehe auch Wortbausteine).

Wortarten: Die Schulgrammatik unterscheidet meist zehn Wortarten, in die der Wortschatz gegliedert wird: Nomen, Verb, Adjektiv, Adverb, Pronomen, Artikel, Konjunktion, Präposition, Numerale, Interjektion.

Wortbausteine (Wortbildungssilben): Unsere Wörter sind aus Wortbausteinen aufgebaut. Der wichtigste Wortbaustein ist der Wortstamm, z.B. *Glück, Menschen, gehen.* Die meisten Wörter sind dadurch entstanden, dass zu den Wortstämmen Vor- und Nachsilben hinzugetreten sind: *Un glück, glück lich, ver gehen, Un mensch lich keit.*

Wortstamm: Der Wortstamm ist der wichtigste Wortbaustein eines Wortes und trägt die Hauptbedeutung: *be leid igen, unab häng ig, ver stör t.*

Zahlwort: siehe Numerale

Zeitwort: siehe Verb

zusammengesetzte Wörter (Komposita): Durch Zusammensetzung von Wörtern können neue Wörter entstehen: *groß + Stadt = Großstadt; Haus + Tür + Schlüssel = Haustürschlüssel.*
Das letzte Wort in einer Zusammensetzung heißt Grundwort; es legt die Grundbedeutung des zusammengesetzten Wortes fest: *Damenschuh*. Das vorangehende Wort (die vorangehenden Wörter) heißen Bestimmungswort, weil sie das Grundwort näher bestimmen: *Damenschuh, Haustürschlüssel*

Zwielaut: siehe Diphthong